JN439517

정정근 성장수필

# 떠돌이별의 노래

# 떠돌이별의 노래

정정근 성장수필

1판 1쇄 인쇄/ 2014년 1월 15일
1판 1쇄 발행/ 2014년 1월 20일

지은이 / 정 정 근
펴낸이 / 우 희 정
펴낸곳 / 도서출판 소소리

등록 / 제300-2007-21호
주소 110-521 서울 종로구 명륜동 1가 33-90
경주이씨 중앙회빌딩 302-1호
전화 / 765-5663, 766-5663(Fax)
e-mail: sosori39@hanmail.net
www.sosori.net
값 12,000 원

*잘못된 책은 바꿔드립니다.

ISBN 978-89-97294-54-1 03810

# 떠돌이별의 노래

정정근 성장수필

■

# 책을 내며

1·4후퇴 때 두 돌 반이었다. 그 무렵의 아슴푸레한 기억 한두 가지를 단초로 국민학교(초등학교) 졸업 때까지의 성장과정을 간추렸다. 기쁨도, 슬픔도, 놀람도, 미움도, 설렘도, 무서움도, 반가움도, 원망하는 마음도 그때 다 겪었다. 경험하는 모든 것들이 늘 처음이어서 번번이 신기했고, 놀라웠고, 실수투성이였다. 일생 느낄 온갖 감정을 얕고 짧게나마 다 겪었으니 이후의 것들은 복습이고 재생이다.

입학한 학교에서 졸업까지 하는 친구들을 부러워하지 않았다. 삶의 자리가 바뀌면 불안하면서도 미지의 세계에 대한 호기심이 컸기 때문이다. 실패를 이겨내고 멋지게 뛰어오를 수 있다면 한 곳에 머물러도 괜찮을 것이다. 그러나 나는 늘 모자랐고, 내가 내 마음에 들지 않아 낯선 곳에 가서 다시 시작할 수 있기를 소망했다. 교육공무원이던 아버지께서 그 희망을 이루어 주셨다.

가지 못한 길, 닿을 수 없는 지점을 안타까이 돌아보던 때가 있었다. 神께 하사받은 도화지가 너더분하다. 무엇을 그리다 말았는지, 무엇을 그리고 싶었는지. 삶의 노정 ⅔ 이상을 지난 게 분명한 지금도 '척'病을 痼疾로 끼고 산다. 약지도 야물지도 못한 탓이다. 굳이 변명하자면 여린 속살을 보호하기 위해 무장한 갑각류 같다고나 할까.

금년은 선친 작고하신 지 10주기 되는 해다.
이 책을 부모님 영전에 바친다.
어딜 가면 두 분의 흔적이라도 찾을 수 있을까.

갑오년 새해 아침 사당동 우거에서 정정근 씀

▷ 차 례

## 2. 꽃무덤

## 3. 그날 밤의 통곡

## 4. 어리버리 선두

# 1.

# 알레리꼴레리

# 오막살이 외딴집

기억 속의 첫 집은 충북 보은군 보은면 길상리 양지편 소나무 산자락에 있었다. 쓰러질 듯 엉거주춤 서 있던 오막살이 외딴집. 비만 오면 썩은새 지붕에서 검붉은 물이 흐르고 대낮에도 어둑하던 부엌, 통로만 내놓고 문이 없어 이불보를 쳐 두었던 안방과 윗방 사이, 도배하지 않아 흙이 묻어나던 바람벽, 나뭇가지로 대충 엮은 방문, 대여섯 쪽의 떨걱마루가 아직도 눈에 선하다.

"마당은 손바닥만 하고, 방은 분곽만 하고, 부엌은 골미만 하구나."

할머니 표현이었다. 온가족 시도 때도 없이 긁적거렸으니 좁은 것만 문제는 아니었다. 약쑥을 피웠다가 방을 쓸면 이·빈대·모기·벼룩·쥐며느리 같은 것들이 쓰레받기에 수북했다. 게다가 쥐의 소굴. 낮에도 찬장 속을 무시로 드나들었지만 밤이

13

•

# 오막살이 외딴집

면 반자 위에서 우당탕탕 별 요란을 다 떨었다. 그러다가 제 놈들의 오줌 자국으로 눅눅하고 어룽더룽하던 천장 종이를 찢으며 이불 위로 떨어지는 어미 쥐도 있었고, 곤히 잠든 내 발꿈치를 갉작거려 한밤중 소동을 피우게 한 생쥐도 있었다. 그래도 나를 예뻐해 주시는 할머니가, 아버지가, 엄마가 있는 집이어서 날마다 새로 말을 배우며 즐거이 지냈다.

그 얼마 전 몇 달간 외가에 있었다. 외할머니는 심부름해 주는 처녀 하나만 데리고 '고래 등 같은 기와집'을 지키고 계셨다. 어느 날 낮잠 자다 스릉, 스르릉 소리에 선잠을 깼다. 외할머니가 노란 장판 윗목에 앉아 물레를 돌리고 계셨다. 엄마도 보고 싶고 아버지도 보고 싶어 칭얼거렸다. 외할머니는 하던 일만 계속하셨다. 더 크게 울었다. 안아주실까 하고, 달래주실까 하고.

"이년! 울면 아가리를 찢어 놓을 테다!"

외할머니가 커다랗고 시커먼 가위를 쩍 벌려 들고 윽박지르셨다. 다시는 외할머니 앞에서 울지 않았다. 울음이 목울대를 치받고 속눈썹이 젖어도 보채거나 칭얼대지 않았다. 그 뒤 어느 날은 아기 업고 보따리 인 아줌마가 저만큼 지나가는 걸 보고 울 엄마 간다며 쫓아간 적도 있다. 너희 엄마 아니라며 붙잡는 이 없었으면 그 아줌마를 따라다니다 고아가 되지 않았을까 싶다. 얼마쯤 지나 아버지가 오셨다. 작고하신 아버지의 비망록을 보면 그해 음력 삼월 초아흐렛날이 큰할머니 기일인데 장례를

치르러 오셨던 것 같다.

아버지는 일찍이 당신의 백모님께 양자로 들어가셨다. 백부님께서 혈육 한 점 남기지 않고 18세에 작고하셨기 때문이다. 내게 큰할머니 되시는 아버지의 백모님은 1·4후퇴 때 와병중이어서 피난 가시기 어렵게 되었다. 하여 큰할머니와 나는 청원군 외가에 맡겨졌고 다른 식구들은 모두 보은으로 떠났던 것이다.

"엄마한테 가자."

멀뚱히 서 있는 내게 아버지께서 말씀하셨다. 아버지인 줄 알았든 몰랐든 나를 예뻐해 주는 사람이라는 생각은 들었던 것 같다. 외할머니 배웅을 받으며 아버지와 외가를 나설 때 모처럼 얼굴 가득 웃었다. 빨간 겹채송화처럼 환한 얼굴로 의기양양했을지도 모른다.

흙바람 먼지 속에 아버지 손을 잡고 걷기도 하고, 업히기도 하고, 자동차를 타기도 하면서 따라간 곳은 보은면 길상리 양지편이었다. 해가 설핏한 오후였으리라. 아버지는 마을이 보이는 왼쪽으로 가지 않고 산만 보이는 오른쪽으로 길을 잡으셨다. 모롱이 하나를 돌고 나서야 비탈진 소나무 산자락에 엉거주춤 서 있는 오두막 한 채가 보였다.

"다 왔다. 저 집에 할머니와 엄마와 오빠와 동생이 있단다."

어디서 보고 있었는지 할머니와 엄마가 언덕을 내달려 오셨다.

"어린 것이 애비 에미 떨어져서 워떠케 있었냐."

할머니가 눈물을 글썽이셨다.

"엄마 안 보구 싶었쪄?"

엄마도 짠하다는 듯 안아 주셨다. 할머니와 엄마를 쳐다보았다. '날 예뻐해 주기만 하면 돼. 친할머니나 친엄마가 아니면 어때?' 그런 생각을 했을 수도 있다. 세 살 위의 오빠와 백일 무렵의 여동생도 웃으며 맞아주었다. 몇 달만 더 지났으면 아주 잊었을 것 같은 가족들. 다시 말을 배우기 시작했고, 마음껏 웃기도 했고, 못마땅하면 투정도 부리고, 소리 내어 울기도 했다.

아버지는 그해 봄에 장안면 장내리에 있는 속리국민학교에 복직하셨다고 했다. 할아버지는 둘째할머니와 그 사이에서 낳은 삼촌과 고모들을 데리고 장내리에서, 작은댁한테 지아비를 뺏긴 본처할머니는 우리와 길상리에서 사셨다.

마당에서 바라보면 먼데 산들이 잿빛으로 겹쳐 있고, 골짜기 아래 옹기종기 모여 있는 초가들이 아련하게 보였다. 봄을 맞은 앞산은 하루가 다르게 움실움실 커갔고, 왼쪽 봉우리에서 솟아오른 해는 마당 위를 서성이다 오른쪽 산마루로 넘어갔다. 아버지는 주황색과 빨간색의 서녘 하늘을 바라보며 퉁소·피리·하모니카 부는 것을 좋아하셨고, 그럴 때 할머니는 학도병으로 입대한 삼촌을 생각했는지 눈시울을 붉히셨다.

아버지가 사진을 찍어 주셨다. 사범학교 다닐 때 장만한 것이라던 아버지의 사진기는 가슴에 대고 내려다보며 찍는 방식이었다. 아래 위 흰옷에 옷고름만 까맣게 보이는 흑백 사진 속의 나는 양손을 배꼽 위에 맞잡고 해맑게 웃고 있다. 봄바람에 나부끼는 치맛자락 밑으로 하얀 바지와 신발이 가지런히 드러나 있다. 내 생애 첫 사진, 우리 나이로 네 살 때였다.

언덕 아래는 들판. 그 한 옆에도 우리 집과 비슷한 오두막집이 하나 있었다. 식구들이 일하러 나가면 내 또래의 여자 아이가 해종일 울타리 밖에 쪼그려 앉아 있었다. 할머니가 나를 그 애한테 데려다 주셨다. 태어나서 처음으로 사귄 친구. 땅뺏기도 하고 풀각시도 만들며 놀았다. 엄마가 밀기울에 풋콩을 섞어 칡잎에 쪄주거나, 그 애 엄마가 감자라도 삶아주면 달게 나눠 먹었다.

햇살이 부드러운 오후에는 할머니와 오빠를 따라 집 뒤 솔밭으로 갔다. 오빠와 나는 솔방울·관솔·고주박 등을 자루에 주워 담고, 할머니는 삭정이나 솔가리를 묶어 이고 내려오셨다. 오빠가 고주박 두어 개를 칡덩굴에 묶어 매어 주면 진지한 얼굴로 앞장서서 배착거렸다. 오빠는 내 뒤에 칡덩굴을 길게 늘여뜨려 놓았다가 불쏘시개 자루를 둘러메고 뒤따르며 소 모는 시늉을 해서 할머니를 소리 내어 웃으시게도 했다.

아버지한테는 공기총이 있었다. 총대의 허리를 꺾어 납으로 만든 탄알을 넣는 장총이었다. 눈이 소복하게 쌓인 새벽, 참새 잡으러 가자고 깨우시면 나는 눈을 반만 뜨고서도 따라나섰다. 피를 찔끔 흘려 놓고 눈밭에 쓰러진 참새의 모가지를 새끼줄에 꿰어 들고 다니는 게 내 일이었다. 아버지는 총알을 아끼기 위해서였는지, 그날 잡을 양을 미리 정해 놓았는지 다섯 마리 이상은 잡지 않으셨다.

집에 오면 털을 헤쳐 총알부터 찾았다. 팥알만 한 총알은 대체로 목덜미에 박혀 있었다. 화롯가에 둘러앉아 결대로 찢어 소금 찍어 먹던 맛이 아직도 혀끝에 남아 있는 듯하다. 멸치도 비려서 안 먹는다던 할머니도 고소하고 쫄깃하다며 잘 드셨다. 아버지는 할머니와 엄마가 가슴살을 권해도 참새의 대가리와 발만 아작아작 씹으셨다. 그게 더 맛있다면서. 그렇게 맛있으면 우리도 좀 달라고 했지만, 여자와 아이들이 먹으면 그릇 깬다며 주지 않으셨다.

깜깜한 밤이면 검정 옷을 입고 검정 보자기를 둘러쓰고 굴뚝 옆에 서 있곤 했다. 숯을 문질러 까매진 양손은 둥그렇게 모아 가슴 앞에 내밀었다. 그렇게 하고 있으면 굴뚝새가 제 집인 줄 알고 날아들 거라는 오빠 말을 곧이들었기 때문이다. 굴뚝새는 오지 않았다. 다리가 아프도록 기다려 봐도 한 번도 내 손 안에 들어오지 않았다. 오빠는 어디엔가 숨어서 그런 나를 웃었을 것이다.

# 양지편에서 · 1

다섯 살 되던 해 봄, 양지편 안동네로 이사했다. 이사 전날 언덕 아래 친구에게 말했더니 얼굴을 찡그렸다. 나도 많이 섭섭했다. 친구와 헤어지는 서운한 감정을 처음 느낀 때였다.

이사 간 집은 훨씬 좋았다. 아버지의 출퇴근길도 좀 가까워졌을 것이다. 그러나 오빠는 여덟 살이 됐는데도 입학하지 못했다. 어린애들이 걸어 다니기에는 너무 먼 거리였던 모양이다. 외딴집에 살다가 동네로 들어오니 할머니도 엄마도 오빠도 좋아했다. 나만 시큰둥했다. 처음 사귄 오직 하나뿐이던 친구도 만날 수 없고, 해와 달이 뜨고 지는 것도 볼 수 없고, 아버지가 노을을 바라보며 퉁소 · 피리 · 하모니카 부시는 것도 볼 수 없어서였다.

토끼와 닭을 길렀다. 토끼가 먹을 풀을 뜯어다 주는 일은 오빠와 내가 했고, 닭에게 모이를 주거나 달걀을 거두는 일은 할머니 차지였다. 토끼는 새끼를 자주 낳기도 했지만 한꺼번에 여러 마리를 낳아서 명절에는 고기도 먹을 수 있었다. 토끼가 새끼 낳을 때가 되면 할머니는 토끼장 앞에 검정 보자기를 쳐 놓으셨다. 겁이 많은 동물이어서 주변이 시끄럽거나 사람들이 들여다보면 갓 낳은 새끼를 잡아먹을 수 있기 때문이라고 하셨다.

어느 날 밤, 배가 아프며 뒤가 마려웠다. 뒷간은 닭장 옆에 있었다. 할머니한테 같이 가 달라고 했더니 엄마와 무엇을 하는 중이라며 오빠한테 시키셨다. 오빠가 마지못해 나를 데리고 마당으로 나갔다. 짜증난 얼굴이었다.

"너, 또 밤에 똥 누러 댕길 거여?"

"아녀."

"암만해도 나를 또 귀찮게 할 것 같으니께 방법을 써야겠다."

"똥부터 누고 하면 안 되여?"

"빨리 저 닭들한테 절 햐. 다섯 마리니께 다섯 번 햐. '닭님, 나 다시는 밤똥 누러 댕기지 않게 해 줘유.' 하고. 안 그러면 낼 이맘때 또 똥 누고 싶어져."

할 수 없이 그날 밤, 홰에 올라 자고 있는 닭들한테 오빠가 하라는 대로 중얼거리며 일일이 절을 하고야 말았다.

이웃에 '무주댁'이라는 아줌마가 계셨다. 남편도 아기도 없이 어머니와 둘이 살고 있었다. 일본에서 살다 왔다는 아줌마는 스물아홉 살이던 엄마보다 몇 살 젊었던 것 같다. 키가 크고 몸집도 튼실해 보여서 그랬는지 할머니는 왜장녀 같다고 하셨다. 말 띠라는 말을 들으시고는, "화류계로나 나갈 팔자지 시집은 못 가겠다."고도 하셨다. 그러나 마음씨도 고운데다 음식 솜씨가 좋아 큰일이 있는 집마다 불려 다니는 걸 아시고는, "생긴 것은 남정네 같은데 천생 여자여." 하셨다.

아줌마는 한가한 날이면 우리 집에 놀러 오셨다. 엄마한테 뜨개질과 스킬 자수 놓는 것을 가르쳐 주고 엄마한테서는 한복이나 버선 만드는 법을 배우셨다. 아기가 없어서 그랬는지 나를 무척 귀여워 하셔서 나도 아줌마네 집에 자주 놀러 다녔다. 넓은 마당 가장자리로는 함박꽃 · 봉선화 · 삼잎국화가 피어 있었지만 무엇보다도 황매화가 가득했다. 아줌마는 황매화를 따서 내게 화관도 만들어 주고 소꿉도 놀아 주셨다. 까맣고 반들반들한 마루에 앉혀 놓고 율동 곁들인 동요도 가르쳐 주고 일본 동화 모모타로도 들려주셨다.

하루는 개울에서 놀다 오는 길에 아줌마네 집에 갔다. 사립문이 지쳐져 있어 아무도 없나 보다 하면서도 봉당에 신발이 있기에 아줌마를 부르며 들어섰다. 내다보는 이가 없어 마루에 걸터앉았다. 맛있는 냄새가 났다. 부엌문을 열어 보니 부뚜막에 김이 오르는 쑥버무리가 놓여 있었다. 들어가서 급히 한 줌 떼어 먹었다. 또 먹으려다 아무도 없는 남의 집이라는 생각이 들어

소맷부리로 입을 닦고 얼른 밖으로 나갔다. 사립문을 나서는데 골목 저쪽으로 누가 보였다. 가슴이 두근두근했다.

집에 갔더니 아줌마가 와 계셨다. 지레 겁이 나서 그랬는지 속이 답답했다. 머리도 아프고 이마에 땀도 났다. 아줌마가 가져온 것이라며 할머니가 쑥버무리를 먹으라 하셨지만 싫다고 했다. 웬일이냐며 할머니도 엄마도 웃으셨다. 말을 해야 하나 어째야 하나 망설였다. 아줌마네 집에서 나오는 걸 본 사람이 있으니 나중에 엄마 귀에 들어갈 수도 있다는 생각이 들었다.

"……아줌마네 집에서 먹고 왔어."

이실직고했다.

"할머니 오셨든?"

아줌마가 물었다.

"아니유. 내가 그냥 부엌에 가서 먹었어유."

그러자 아줌마는 빙그레 웃으시는데 엄마가 무서운 눈으로 쳐다보셨다. 그리고는 벌떡 일어나 벽에 걸어 놓은 바느질용 대나무 자를 내리시는 것이었다. 놀란 나는 잽싸게 무릎 꿇고 앉아 다시는 그러지 않겠다고 손바닥을 비볐다. 뺨이 흥건히 젖도록 울면서 빌었다.

"사모님, 용서해 주세요. 저하고 친하니까 그랬을 거야요. 별일도 아닌데요."

아줌마가 엄마와 나 사이를 가로막으며 그러셨다.

"한 번만 봐줘라. 다시는 안 그러겠다잖니. 애를 대나무로 때리면 못써."

할머니도 엄마 손에서 자를 뺏으며 말리셨다. 덕분에 맞지는 않았지만 창피하기도 하고 기분도 나빠 윗방으로 갔다. 잠이나 자려고 누웠지만 어디가 아픈 줄도 모르게 속이 부대껴서 울었다. 할머니가 들여다보시더니 훔쳐 먹은 떡에 얹혔나보다며 바늘로 양쪽 엄지손톱 밑을 찌르셨다. 검붉은 피가 동그랗게 솟았다. 할머니는 거칠지만 따뜻한 손으로 배를 문질러 주시다가, 쑥버무리 한 점을 따뜻한 식기 뚜껑에 담아 배꼽 위에 놓고 뱅글뱅글 돌리셨다.

"쑤욱 내려가거라. 쑤욱 내려가거라…… 그란데 무릎 꿇고 비는 건 누구한테 배웠누?"

나도 누구한테 배웠는지 모르겠다. 오빠나 다른 집 아이가 그러는 걸 본 기억도 없었다. 본능이었던가 보다. 어쨌든 그 뒤로는 아줌마네 집에 가지 않았다. 아줌마는 여전히 다정하고 친절했지만 고샅에서 마주쳐도 피했다. 제 풀에 주눅이 들어 서머서머했다.

구장 아저씨네 집 바깥마당에 아이들이 모인다는 것을 알았다. 처음에는 할머니 치마꼬리에 숨듯이 갔지만 며칠 뒤부터는 혼자서도 곧잘 갔다. 널찍한 마당에는 커다란 감나무가 있었고, 그 감나무 밑 평상에는 동네 할아버지들이 장죽이나 곰방대를 빨며 쉬고 계셨다. 아이들은 그 옆에서 놀기도 하고 싸우기도 했다. 여자 아이들은 사방치기나 고무줄놀이 또는 공기놀이를 했고, 남자 아이들은 구슬치기나 딱지치기, 자치기 등을 했다. 바람이 많이 분 날 아침이면 감꽃이 노랗게 또는 하얗게 떨어졌다. 여자 아이들은 소쿠리를 가지고 와서 주워 담고, 남자 아이들은 일부러 짓뭉개며 다녔다. 대가 센 여자 아이들은 쫓아가 꼬집거나 악다구니를 썼다. 나도 작은 바구니를 가지고 가서 푸짐하게 주웠다. 실에 꿰어 팔찌나 목걸이도 만들고 달콤 쌉싸래한 맛도 즐겼다.

# 양지편에서 · 2

할머니와 엄마는 빨래와 바느질로 바쁘셨다. 이부자리 빨래를 할 때는 며칠씩 걸리기도 했다. 뜯고 빨고 삶고 풀 먹여 손질하는 일이 꽤 번거로워 보였다. 풀해서 널었던 홑청은 덜 말랐을 때 꼼꼼히 손질하셨다. 가장자리와 모서리를 잘 펴서 다듬이질하기 좋은 크기로 접은 다음 공들여 밟았다. 밟았다 펴서 탕탕 당겼다가 마주 서서 폭을 다시 맞추는 과정을 몇 번씩 반복하셨다. 끝이 딱 맞으면 서로 맘이 맞는 거라고 했는데 할머니와 엄마가 할 때는 꼭 맞았지만, 내가 엄마와 할 때는 모자라거나 남기 일쑤였다.

이불 홑청은 풀을 한 번만 했지만 요는 강풀까지 하셨다. 그래야 더 시원하고 때도 덜 타고 빨래하기도 쉽다고 하셨다. 빨래를 밟을 때는 묵직해야 풀발이 고루 퍼진다며 할머니는 보채지도 않는 동생을 업고 자근자근 밟으셨다. 귀를 맞춰 접은 홑청을 엄마와 마주 앉아 쌍 다듬이질 하시는 것은 보기도 좋고 듣기도 좋았다. 네 개의 방망이가 서로 부딪치지 않으면서 박자를 맞추는 것도 기술인 것 같았다.

이부자리를 새로 꿰맨 저녁은 기분이 좋았다. 방안 가득 펴놓고 동생과 재주를 넘거나, 버석버석 소리 나는 이불 속을 다람쥐처럼 들락거렸다. 지청구를 듣고 울기도 했지만 놀 만큼 놀고 나서야 잠이 들었다.

모시옷은 풀을 한 듯 만 듯 먹여서 꼭꼭 밟아 다림질했다. 프라이팬처럼 생긴 것에 숯불 덩이를 소복하게 넣어 문질렀는데 면적이 넓은 것은 잡아 주는 이가 있어야 했다. 천을 잡아 주는 이나 다리미를 들고 있는 이나 정신을 바짝 차려야 했다. 누구라도 졸거나 정신을 놓고 있다가는 불똥이 튀어 천을 태웠다. 쇠 다리미는 뚜껑이 있어서 불똥이 튈 염려는 없었지만 무거운 게 흠이었다.

엄마는 여름에도 화로에 불을 담아 놓으셨다. 할아버지와 아버지는 명절이나 제사 때만 한복치레를 해 드리면 되었지만, 할머니와 엄마는 한복이 평상복이었다. 저고리나 버선의 솔기를 모두 뜯어서 빨았다가 인두질해 가며 다시 꿰매야 했기 때문이다. '통째 빨면 편할 텐데 왜 번번이 뜯어서 빨까? 품이 달라졌나? 회장(回裝)에서 물이 들까봐 그러나? 지난번 바느질이 마음에 들지 않았나?' 그것이 늘 궁금했다.

인두는 엄마의 애용품 중 하나였다. 깃· 동정· 도련· 대님· 끝동· 옷고름 · 허리끈 등 폭이 좁은 것을 다릴 때는 다리미보다 요긴하다고 하셨다. 엄마는 책상다리하고 앉아 무릎 위에 인두판을 올려놓고, 인두를 코 가까이 대어 온도를 가늠해 가며 꼼꼼히 다리셨다. 그러던 어느 날, 잘 달군 인두를 뽑아 드는 엄마 곁에 있다가 무릎을 데었다. 까무러칠 듯 비명을 질렀다. 몸이 자라면서 상처도 커졌다.

해질녘이면 동구 밖에서 아버지를 기다렸다. 오빠는 가끔 따라나섰고 주로 할머니와 내가 마중했다. 할머니와 내가 아버지를 기다리던 둑에는 노란 달맞이꽃들이 줄을 지어 피어 있었고 그 아래로는 넓은 개울이 흘렀다. 개울 한 옆은 들이었고, 반대편에는 잡목 우거진 높은 산이 있었다. 아버지는 그 냇물과 산 사이의 좁은 길을 걸어 출퇴근하셨는데, 가끔은 깜깜해진 뒤에 오시기도 했다. 나는 멀리서 깜빡이는 빨간 담뱃불만 보고도 아버지를 알아봤고, 아버지 또한 어둠 속에서 소리치는 아이가 당신의 맏딸인 것을 잘 아셨다.

"아부지이! 아부지이!"

"정근이냐? 왜 어둔데 아직까지 있어? 할머니도 계시냐?"

목소리를 앞세우고 아버지가 잰걸음으로 오시면 할머니는 가방을 받으셨다.

"늦었구먼."

"예, 어머니. 직원들과 술 좀 했어요."

아버지는 나를 안아 올리며 유쾌하게 웃으셨다. 아버지 목을 끌어안고 킁킁거리던 내 콧속에 달짝지근한 홍시 냄새가 스몄다.

"아부지 감 먹었어유? 나도 줘유."

"허허허. 애비 감 안 먹었다."

"감 냄새가 나는데유?"

"술 마셨다 이놈아."

술을 마셨든 감을 자셨든 나는 아버지한테서 나는 냄새가 좋았다. 한 손은 할머니 손을 잡고 다른 손은 아버지 손을 잡고 동요를 부르며 집으로 가는 길이 더없이 즐거웠다.

서산 넘어 해님이 숨바꼭질할 때면
수풀 속의 새집에는 촛불 하나 켜놨죠
아니아니 아니죠 켜 논 촛불 아니죠
저녁 먹고 놀러 나온 아기별님이지요

어둔 길 밝혀주는 노란 달맞이꽃들도, 괴물처럼 버티고 선 앞뒤 산도, 그 산에서 구슬프고 괴이쩍게 우는 밤새들도, 깜깜한 하늘에 총총히 박혀 빛나는 별들도 나를 부러워하는 것 같았다.

부스럼을 많이 앓았다. 몸에 열이 많았는지, 자주 씻지 않아서였는지 머리카락 속에는 땀띠가 뭉쳐 몇 군데 부스럼이 되었다. 몸 이곳저곳에는 원인을 알 수 없는 멍울도 생겼다. 그 무렵 나는 특별히 어디가 아프지는 않았지만 뛰어다니기보다는 눕는 것을 좋아했고, 할머니한테 등 긁어 달라는 소리도 자주했다. 그러면 할머니는, "어린 것이 잔등이 부러졌나 왜 자꾸 누워 있누." 하면서도 까슬까슬한 손바닥으로 어루만지듯 문질러 주셨다. 할머니 온기가 그대로 전해져서 그랬는지 엄마가 손톱으로 긁어 주는 것보다 훨씬 시원했다. 할머니는 등뿐만 아니라 몸 이곳저곳을 쓸어 주셨는데, 그러다가 여기저기 잡혀 있는 멍울을 발견하셨다. 멍울은 풀어야 한다며 나를 침놓는 집으로 데려가셨다. 춥지도 덥지도 않은 쾌청한 날이었다. 할머니와 나들이하는 것만 좋아서 어디로 무엇 하러 가는 것인가는 알려고도 하지 않았다.

방패연만 한 창으로 햇살이 환하게 들어오던 방. 검은 두건을 쓰고 동그란 안경을 콧잔등에 걸친 노인이 책상 앞에 앉아 있었다. 벽에는 알 수 없는 글자들이 빼곡하게 적혀 있는 남자 어른의 발가벗은 그림이 붙어 있고 책상 위에도 그런 인형이 있었다.

할머니가 노인한테 내 이야기를 하셨다. 노인이 나를 의자에 앉혔다. 그리고는 이곳저곳을 진찰하더니 서랍 속에서 까맣고 가늘고 기다란 침 한 움큼을 꺼내 들었다. 지레 놀란 나는 동그란 눈을 크게 뜨며 벌떡 일어났다.

"쪼끔만 참아라. 괜찮을 거여."

노인이 웃으며 말하자 등 뒤에 서 있던 할머니가 내 어깨를 지그시 누르셨다.

"너 저거이 뭔 줄 아느냐?"

노인이 안경 너머로 나를 쳐다보며 손으로는 벽을 가리켰다. 그렇잖아도 아까부터 두리번거리던 나였다. 몰러유, 하려는데 숨이 콱 막히며 아뜩해졌다. 노인이 내 양쪽 허벅지 안쪽으로 한 주먹이나 되는 침을 팡팡 찔렀기 때문이다. 땀띠가 뭉쳐 부스럼이 된 것도 치료해야 한다며 머리카락도 모두 잘랐다. 할머니 무릎에 얼굴을 묻고 머리를 자른 것까지는 생각나지만 그 뒤에는 무슨 일이 있었는지 알 수 없다. 할머니한테 업혀 집에 온 뒤에도 한참 동안 잠만 잤다. 정신이 들어 거울을 봤을 때는 낯선 사내아이가 있었다.

달군 부젓가락으로 머리통을 지졌다고 했다. 비명도 못 지르고 시커멓게 까무러쳐 있는 걸 보니 할머니 가슴이 다 타들어 가는 것 같더라고 하셨다. 그렇게 해야 부스럼의 근을 완전히 빼는 거라고는 했지만, 애를 죽이는 것 아닌가 싶어 얼마나 놀랐는지 모른다는 말씀도 하셨다. 그 이야기를 하면서도 할머니는 시르죽은 나를 안고 눈물을 줄줄 흘리셨다. 그렇게 혹독한 치료를 한 덕분인지, 할머니의 자상한 보살핌 덕분인지 다시는 종기를 앓지 않았다.

# 여섯 살 그 봄

해가 바뀌며 또 이사했다. 아버지가 근무하시는 장안면 장내리 속리국민학교 옆, 적산가옥 이층집이었다. 마침내 오빠가 아홉 살 나이로 1학년에 입학했다. 아버지 '빽'이었는지, 키가 커서였는지 청소는 하지 않고 감독만 하는 반장이 됐다고 뻐겼다.

우리는 방이 둘 있는 이층에서 발꿈치를 들고 지냈다. 방 하나는 거리 쪽으로 창문이 나 있었다. 울도 담도 없는 길갓집이라고 할머니와 엄마는 답답해하셨지만, 동생과 나는 창문 밑에 베개를 포개어 놓고 밖을 내다보느라 심심한 줄 몰랐다.

거리는 늘 시끄러웠다. 노란 방울종을 울리며 자전거나 수레 혹은 지게에 생선·새우젓·콩나물·두부 등 찬거리를 파는 아저씨들, 광주리에 저고리 동정· 구리무·가루분·인두·바늘·실 등 잡화를 이고 다니는 아줌마들. 그런가 하면 군인들이 트

럭을 세워 놓고 고함을 치며 젊은 아재들을 강제로 태우거나, 불안한 얼굴로 트럭에 오르는 아재들을 향해 애타게 이름 부르며 울부짖는 아줌마들도 있었다. 그 후 나는 '아재들을 어디로 왜 데려갔을까' 걱정되어 잠을 설치기도 했다.

가끔 여선생님들이 놀러 오셨다. 박꽃처럼 살결이 뽀얗고 볼이 통통하던 김 선생님 발걸음이 제일 잦았다. 갓 사범을 졸업하셨다던 김 선생님은 우리 집에 올 때마다 할머니 어깨를 주물러 드리거나 동생과 내게 율동 섞인 노래를 가르쳐 주셨다. 이런 노래도 배웠다.

책상 위의 오뚝이 우습구나야
술이 취해 얼굴이 발개가지고
비틀비틀하는 꼴 우습구나야

살랑살랑 봄바람 불던 일요일. 아버지 손을 잡고 방죽을 걸었다. 두세 사람이 나란히 걸을 수 있는 좁은 둑이었다. 한 쪽으로는 냇물이 흐르고 반대쪽으로는 초록색 보리 잎들이 물결처럼 일렁였다. 보리밭을 휘돌고 있는 방죽 저 쪽에서 김 선생님이 걸어오고 계셨다. 내가 선생니임! 하고 소리쳤다. 엄마한테도 있었던 수박색 모본단치마에 흰 저고리를 입고 하얀 옷고름 나부끼며 김 선생님이 가까이 오셨다. 그러나 선생님은 아버지한테 허리만 굽히고 이내 지나가려 하셨다. 아버지가 양쪽 팔을 쫙

벌려 이리저리 길을 막으며 큰 소리로 웃으셨다. 그때마다 선생님도 볼을 붉히며 왔다 갔다 하셨다.

긴 머리를 묶은 손수건 때문이었을까. 그날따라 김 선생님이 더 고와 보였다. 서른두 살이던 아버지는 스무 살 안팎의 김 선생님을 귀여워하시는 것 같았고, 선생님도 아버지한테 좋은 감정을 갖고 있는 듯했다. 누구보다 아버지를 따르던 나는 그런 김 선생님이 싫지 않았다. 내가 좋아하는 아버지를 남들도 좋아하는 것이 좋기만 했다. 무슨 생각에서였을까. 아버지한테 주머니칼을 달라고 해서 개울가로 내려갔다. 오빠한테 배운 대로 물

이 오른 버드나뭇가지를 손가락 길이만큼 잘랐다. 살살 비벼서 단단한 속 줄기는 빼 버리고 껍질 한쪽 끝을 얇게 벗겨 입술에 대고 불었다. '빼~액!' 단조로운 소리가 났다.

가끔 방죽 위를 올려다보았다. 아버지와 김 선생님은 나를 향해 나란히 앉아 진지한 듯 즐거운 듯 이야기를 나누셨다. 아버지는 가끔 소리 내어 웃으셨고, 김 선생님은 고개를 약간 숙이며 살포시 웃으셨다. 재미있는 얘기였나 보다. 다정해 보였다. 엄마가 알면 샘 날 것도 같았고, 다른 이들이 보더라도 이상하게 생각할 수 있을 것 같았다. 나는 기분 좋게 웃으시는 아버지 모습이 보기 좋아 방해하고 싶지 않았다. 노리끼리한 털이 부숭부숭한 버들개지를 따서 냇물에 띄우며 아무에게도 말하지 않으리라 했다.

맑고 파란 하늘, 따스한 봄바람, 넘실거리는 보리밭, 그 위를 날아다니며 지저귀는 몇 마리의 새들, 팔랑거리며 반짝이는 연두색 미루나무 잎사귀들. 봄빛이 무르녹는 휴일 한때였다.

# 얼레리꼴레리

아버지가 삼가국민학교 교장으로 승진되셨다. 삼가국민학교는 보은군 보은읍 내속리면 삼가리 삼가구병길에 있었다. 학교가 가까워서 그랬는지 아버지는 일곱 살밖에 안 된 나를 입학시키셨다. 모든 것이 낯설고 서름했지만 두어 집 건너에 같은 반 영이가 있어서 의지 되었다.

입학 며칠 후 아침, 영이네 사립짝 앞에서 학교 가자고 불렀다. 영이는 앉은 채 방문을 열고 내다보더니 고구마나 먹으면서 놀자고 했다. 양지편 언덕에 살 때 감자는 얻어먹어 봤지만, 우리 집에서는 농사를 짓지 않아서 고구마가 무엇인지 몰랐다. 그러면서도 먹는 거라는 말에 냉큼 들어갔다. 영이가 준 찐 고구마는 팍신팍신하면서도 달짝지근했다. 우리는 책과 공책을 펴서 세워 놓고 소꿉놀이를 했다. 학교에 가야 한다는 생각은 잊었다.

"영이 엄마 지세유?"

느닷없이 엄마 목소리가 들렸다.

"엄니는 아부지랑 밭에 갔어유."

영이가 방문을 활짝 열며 말했다. 나는 재빨리 구석으로 숨었다.

"그려? 호맹이 좀 빌려 줄랴?"

"헛간에 있으니께 갖구 가셔유."

"그런데 넌 왜 여태 핵꾈 안 갔냐?"

"엄니가 안 가도 된댔어유. 정근이도 여기 있는데유?"

"머라구? 아니, 이누무 지지배가?"

식식거리는 엄마의 기척을 듣고 뒷문으로 내뺐다. 신발도 신지 못한 채 허둥지둥 들어선 곳이 하필 뒷간. 분뇨가 그들먹한 항아리 위에 송판 두 쪽이 걸쳐져 있었는데, 그걸 잘못 밟아 한 쪽 다리가 항아리 속으로 쑥 빠졌다.

"엄마!"

찢어지는 소리로 엄마를 불렀다. 그대로 있다가는 빠져 죽을 것만 같아 비명을 질렀던 것이다. 엄마와 영이가 달려왔다. 가까스로 나를 꺼낸 엄마는 다짜고짜 개울로 몰았다. 오물이 잔뜩 묻어 곧장 집으로 갈 수도 없었다.

"이누무 지지배! 핵교는 안 가고 이게 뭔 꼴여? 내빼면 에미 안 볼라구 했냐?"

엄마는 뒤에서 연신 지청구를 해댔고 나는 아무 말도 못하고

걷기만 했다. 개울에 이르자 엄마는 옷부터 벗기셨다. 고쟁이가 흘러내리지 않도록 어깨에 말기를 달았으므로 윗옷도 벗어야 했다. 옷을 벗기시는 엄마 손길이 거칠었다. 엄마는 나를 물속에 세우고 요렇게 해 봐 조렇게 해 봐 하며 씻기셨다. 살갗이 따가운 것 같기도 하고 저린 것 같기도 했다. 엄마 손도 발갰다. 봄이라고는 해도 산골짝 개울물은 얼음물이나 다름없었다. 뭘 잘했다고 처우냐 할 것 같아 울음은 삼켰다. 윗옷은 다시 입었지만 살 속으로 냉기가 스민 뒤였다.

입술을 깨문 채 물속만 보았다. 저쪽에서 한 떼의 송사리들이 몰려오더니 내 복사뼈 언저리를 맴돌며 말간 눈으로 쳐다보았다. 저리 가라고 한쪽 발로 물을 휘저었다. 하지만 녀석들은, 멱감을 철도 아닌데 아랫도리를 홀랑 벗고 있는 꼬락서니가 이상했는지 잠시 어릿거렸다. 그러더니 더 이상 보기 민망하다는 듯, 또는 악취 때문에 괴롭다는 듯 빠른 몸짓으로 달아났다. 살랑살랑 꼬리를 흔드는 모양새가 꼭 '얼레리꼴레리!' 하고 놀리는 것 같아 눈을 흘겼다.

"꼴좋다. 시상에, 똥통에 다 빠지다니."

그만하면 됐다 싶었는지 엄마가 나를 물 밖으로 끌어내셨다. 엄마의 커다란 앞치마를 아랫도리에 둘렀다. 집으로 가는 내내 재채기했다. 엄마가 주는 뜨거운 숭늉을 마시고 정신없이 잤다.

얼마나 잤을까, 무슨 소리가 나는 것 같아 눈을 떴다. 일어나

보니 할머니가 내 머리맡에 물기 촉촉한 볏짚을 깔고 냉수 한 대접과 떡 한 덩이를 놓고 빌고 계셨다. 영이네 뒷간 두억시니가 따라왔으면 곱게 돌아가라는 기도였을까. 눈을 감은 채 쏵쏵 소리를 내며 손바닥을 비비시는 할머니 입에서는 알아들을 수 없는 중얼거림이 한참 동안 이어졌다.

# 낙제하던 날

이듬해 4월 초 입학식 날. 학교에 동생들이 생긴다고 히죽거리며 집을 나섰다. 잘 갔다 오라며 웃으시는 할머니와 엄마 표정이 야릇해 보였지만 곧 잊었다. 결석이 반은 됐을 영이도 싱글벙글했다. 큼직한 이름표 밑에 꾀죄죄한 콧수건을 단 신입생들을 보며 우리는 으스대고 걸었다.

전교생이 운동장에 모였다. 왼쪽으로는 신입생들이, 오른쪽으로는 3, 4, 5, 6학년들이 서 있었다. 아버지가 교장 훈시를 하시는 동안 나는 옆의 아이와 떠들었다. 어느 순간, 선생님과 아이들이 나를 돌아보며 웃었다. 왜 웃는지도 모르면서 덩달아 웃었다. 신입생・재학생의 상견례가 끝나자 아버지가 내 곁으로 오셨다.

"넌 왜 아직도 여기 있니? 1학년 다시 배워야 한다는 말 못

들었어? 이리 와!"

엄한 얼굴로 내 팔을 잡아끄셨다. 또 모두 깔깔거렸다. '1학년을 다시 배워야 한다고? 이게 뭔 소리여?' 아버지 손에 끌려가며 어리둥절했다. 영이가 새 담임선생님을 따라 교실로 가며 혀를 쏙 내밀었다. 낙제한 것을 뒤늦게 깨달은 나는 몸을 흔들어 앙탈했다. 하지만 어림없는 짓. 아버지가 끌어다 세우시는 대로 신입생 줄 맨 뒤에 섰다.

'나만 글자 모르나? 경자언니는 5학년인데도 떠듬거리던데.' 고무신 코를 내려다보며 속으로만 쫑알거렸다. 언제나 내 편이던 아버지. 할머니나 엄마보다도 다정하고 자상하시던 아버지가 그날처럼 미웠던 적은 없었다. 골이 잔뜩 난 얼굴로 집에 갔다. 할머니와 엄마가 잘 갔다 왔느냐며 또 알쏭달쏭한 웃음을 지으셨다. 말없이 부엌으로 들어가 아궁이 앞에 쪼그려 앉았다.

"불 땔랴? 밥하는 것이니께 잘 때야 햐."

엄마가 부지깽이를 넘겨주셨다. 불이나 제대로 때고 있을 내가 아니었다. 밥이야 곤죽이 되든 말든 부지깽이로 부엌 바닥만 긁었다. 후벼 파는 흙바닥 위로 굵은 눈물이 하염없이 떨어졌다. '이럴 거면 진작 공부 좀 하라구 하지.' 공연히 식구들만 원망했다.

"에구, 밥 다 곯겠네. 저리 비켜."

엄마가 부지깽이를 뺏으며 나를 밀쳤다. 잠자코 옆으로 나앉았다. 두 무릎을 세우고 그 사이에 얼굴을 처박았다. 눈물 콧물이 쉴 새 없이 쏟아졌다. 태어나서 그렇게 많이 울어본 것은 그 날이 처음이었지 싶다.

"낙제해서 그러는 겨? 또 낙제 안 할라문 인제부터 공부 열심히 햐. 꼴에 챙피한 줄은 아나부네."

'낙제'란 말은 하지도 않았는데 엄마가 그러셨다. 나만 모르고 있었을 뿐 어른들은 다 알고 계셨던 모양이다.

낙제할 수밖에 없었다. 학교에 갔다 오면 또래들과 쏘다니느라 해질 무렵에나 들어왔다. 풀숲에서 찔레 순을 꺾어 먹고, 친구네 청대콩을 잘라 구워 먹고, 임자 모를 남의 논에 들어가 아버지 엄지발가락만 한 우렁이를 줍고, 송진을 따서 주머니에 넣고 다니다가 아무 밭에서나 풋 밀을 훑어 턱이 아프도록 질겅거렸다. 도랑에서는 미꾸라지를 움키고, 골짜기에서는 가재를 잡았다. 물이 종아리까지 차는 습지대에서는 잠자리 꽁지를 끊어 내고 그 자리에 풀줄기를 꽂아 시집보내는 놀이를 하느라 해 지는 줄 몰랐다. 까만 잠자리들이 떼를 지어 원무를 추다가 물풀 위에 앉아 한들한들 쉬고 있었는데 그 녀석들은 둔한 내 손끝에서도 잘 잡혀 주었다. 그러느라 얼굴은 여름내 가으내 검붉게 타고, 손톱 밑은 때가 새까맣게 끼고, 발가락은 허옇게 불어터져 있기 일쑤였다.

찬바람이 불어도 놀 거리는 얼마든지 있었다. 메뚜기와 방아

깨비를 볶아 먹고, 까치밥·까마귀밥·작살나무 열매 따위들을 따서 깨진 사기 조각에 담아 소꿉놀이 했다. 겨울에도 방 안에만 있지 않았다. 초가지붕 처마 끝에 줄줄이 달린 고드름을 꺾어 더러운 줄 모르고 깨물어 먹고, 눈이 내리면 식구 수대로 눈사람을 만들고, 오빠의 연을 가지고 나가면 손이 곱을 때까지 날리다 오고, 앉은뱅이썰매 타다 무릎이나 손바닥 까이고, 화톳불 쬐다 나일론 양말과 고무신을 태우는 건 흔한 일이었다.

# 떠돌이별

1955년 4월도 다 지날 무렵, 아버지가 보은읍 산외면 이식리에 있는 이식국민학교로 발령 나셨다. 그 소식을 듣는 순간 머릿속이 환해졌다. 학교에서도 뒷간에서도 이불 속에서도 히죽거렸다. 산이고 들이고 냇물이고 싸돌아다녀 정이 많이 든 동네지만 조금도 섭섭하지 않았다. 낙제생 꼬리표를 떼어 버리고 아무도 모르는 곳에 가서 새롭게 시작할 수 있다는 것은 생각만 해도 신나는 일이었다.

이식국민학교는 마을 초입에 있었다. 폭격 맞은 흔적이 한눈에 보였다. 운동장 한쪽에 초가지붕 교실과 커다란 천막교실이 있었다. 1주일씩 교대로 오전 오후 2부제 수업을 했다. 우리는 학교 근처에 있는 빈 오두막에 짐을 풀었는데, 할머니와 엄마는 어서 고향으로 갔으면 하셨다.

교실과 사택을 짓기 시작했다. 운동장 한쪽에 임시 목재소가 차려졌다. 톱으로 자르고, 대패로 밀고, 자귀로 다듬고, 노루발장도리로 못을 빼거나 박는 소리로 날마다 시끄럽고 어수선했다. 그래도 나는 처음 보는 그 광경이 신기하여 오고갈 때마다 이만큼 서서 쳐다보곤 했다. 대팻날 위로 솟아오르는 물결무늬 나뭇결을 보는 것도 재미있고, 목수들이 귓바퀴에 연필을 꽂고 있다가 무엇을 그리거나 쓰는 것이 멋져 보여서 흉내를 내 보기도 했다.

겨울이 되기 전에 학교도 사택도 공사가 끝났다. 학교에서는 운동장에 구름차일을 쳐놓고 막걸리와 시루떡으로 잔치를 벌였다. 전쟁 이후, 그날만큼 온 동네가 즐거운 날은 없었지 싶다. 우리도 소나무 동산 아래, 소나무로 지어 솔 향이 은은한 남향받이 기와집으로 옮겼다. 그때까지 살던 보은의 어떤 집보다 깨끗하고 넓고 환했다. 북쪽으로 덜밋대문이 있는 대청마루. 대청 왼쪽에는 부엌·안방·윗방이, 오른쪽에는 널찍한 건넌방이 있었다. 안방이나 윗방은 오후 햇살이 환했고, 동창(東窓)이 있는 건넌방은 늦잠을 잘 수 없었다.

할머니와 엄마는 방마다 콩댐 칠을 하셨다. 불린 메주콩을 맷돌에 갈아 소창주머니에 넣고 공들여 문지르셨다. 콩 비린내가 났지만 그렇게 해야 장판에 때가 덜 탄다고 하니 참아야 했다. 아버지는 방마다 창호지를 덧대 코스모스 꽃을 붙이고 내 손바닥만 한 유리를 붙여 바깥을 내다볼 수 있게도 하셨다. 맑고 투명한 햇살이 하얀 창호지에 비치면 빨강색과 분홍색의 코스모스가 눈부시게 고왔다.

마당 한 구석에는 번듯한 변소도 있었다. 삼가국민학교 다닐 때의 영이네 뒷간처럼 위험하지 않았다. 그러나 해만 지면 모두 요강을 이용했다. 할머니와 엄마와 나와 여동생이 쓰는 것은 흰 바탕에 파란 꽃이 그려진 큼지막한 사기요강, 아버지 것은 작고 예쁘게 생긴 놋요강이었다. 깜깜한 밤에는 산에서 짐승이라도 내려올 것 같아서, 마당에 달빛이 가득하면 일렁이는 나무 그림자가 무서워서 방안에 놓고 썼다. 밤이 긴 겨울에는 엉덩이를 들고 누어야 할 만큼 오줌이 그득했다. 아침에 할머니가 요강을 비워 주시면 짚수세미로 싹싹 문지르고 맑은 물로 헹궜다. 물로만 대충 부시면 소변 찌꺼기가 눌러 붙어 '적'이 앉는다고 엄마가 주의를 주셨다.

밤이면 뒷산에서 부엉이와 소쩍새가 울었다. 여우와 늑대 소리도 들렸다. 바람이 심하게 부는 날은 가랑잎 서걱대는 소리에도 잠이 깨어 가슴이 쿵쿵 뛰었다. 그런 날 밤에는 짐승들의 소리를 듣지 않으려고 이불을 머리까지 둘러쓰거나 할머니 품을 파고들었다. 밤중에 오줌이 마려워도 머리맡에 놓인 요강까지 가기 싫어 억지로 참다가 이부자리와 할머니 옷까지 버려 놓기도 했다. 그런 날 아침, 요를 내다 널어 온 가족한테 광고를 하고 나면 동생한테 체면이 말 아니었다.

할머니와 엄마를 따라 가끔 뒷동산에 갔다. 솔잎을 뽑거나 송화를 딸 때였다. 솔잎은 젊어서부터 위가 약했다는 할아버지의 건강식품을 만들기 위해서였고, 송화는 제사 때 올릴 다식을 만들기 위해서였다. 골라 뽑은 솔잎은 고깔 벗겨 정갈하게 씻어 광주리나 소쿠리에 담아 물기를 뺀 뒤, 바람 잘 통하고 그늘진 대청마루에 돗자리 깔고 여러 날 말렸다. 잘 마르면 할머니와 엄마는 체로 쳐가며 절구에 빻아 조청 섞어 환을 지어 놓았다가 할아버지 오시면 드렸다. 할아버지는 둘째할머니네 식구와 삼산리에서 살고 계셨다.

운동장에서 혼자 노는 날이 많았다. 외딴집이어서 그랬는지, 사택이 어려워서 그랬는지 우리 집에는 놀러 오는 아이가 없었다. 찾아다닐 만큼 가까이 지내는 친구도 없었다. 짝꿍은 남자 아이였는데 속눈썹이 다보록했다. 목덜미가 까맸고, 새까만 고수머리에 제비초리가 유난히 길었고, 검은 옷소매 끝은 콧물에 찌들어 반들반들했다. 혼자 공기놀이를 하거나 고누를 양쪽에 놓고 땅빼기를 했다. 모래 위에 열 개의 손가락으로 대국(大菊)모양의 그림도 그리고, 검지 한 개만 이용하여 창포 잎도 그리고, 작대기를 끌고 다니며 운동장 이곳저곳에 낙서도 했다.

아버지가 라디오를 사 오셨다. 지붕 꼭대기에 피뢰침을 세우고 전깃줄 같은 것을 땅속에 묻었다. 그렇게 해야 벼락을 쳐도 전류가 땅속으로 흘러 안전하다는 것이었다.

"저 쬐꼬만 곳에 워떻게 사람이 들어갔댜? 저 속에 있는 사람들은 숨도 안 멕히고 밥 안 먹고도 사나?"

제 몸보다 큰 건전지를 매달고 있는 라디오에서 사람 소리가 들리자 할머니는 희한해하셨다. 할머니는 정말로 라디오 속에 사람이 들어가 있다고 생각하셨을까? 그저 해 본 소리였는지도 모르지만 신기해하신 것만은 확실하다.

라디오는 나의 가장 좋은 친구였다. 아버지가 안 계실 때는 약 닳는다고 엄마가 자주 감췄지만 어린이 시간만은 막지 않으셨다. "꽃과 같이 고웁게 나비 같이 춤추며 아름답게 크는 우리"로 시작하는 어린이 합창이 나오면 나는 소변이 마려워도 몸을 비틀며 앉아 있었다. 이야기도 듣고 노래도 배울 수 있는 그 시간이 마냥 좋았다. 진행하는 아줌마의 말투를 귀담아 들었다가 아무도 없을 때 흉내 내 보기도 했다. 그 무렵 배운 동요 중에는 '밀짚모자'도 있었다.

한겨울에 밀짚모자 꼬마눈사람
눈썹이 우습구나 코도 삐뚤고
거울을 보여줄까 꼬마눈사람

국어책을 자주 읽었다. 1학년 것뿐만 아니라 3학년이던 오빠 책도 읽었다. 모르는 글자는 엄마나 오빠한테 물었다. 나의 책 읽기는 날로 늘었다. 처음에는 눈으로만 읽다가 자신감이 생기면서부터는 소리를 내어 읽었다. 아버지가 집에 계실 때는 더 크게 읽었다. 아버지는 안 듣는 척하시다가도, 쓸 때는 그렇게 써도 읽을 때는 어떻게 발음해야 하는지도 일러주셨다.

겨울방학 때 아버지가 또 국어책을 가져와 읽어 보라 하셨다. 내 읽기 수준이 어느 정도인지 아셨겠지만 통과의례였던 것 같다. 어느 글자를 짚으셔도 다 맞추었다. 글자와 다르게 읽어야 하는 것은 아버지가 물으시기 전에 내가 먼저 설명했다.

"요번에는 낙제 안 해도 되겠구나. 2학년 올라가는 상으로 옷

한 벌 해 줘야겠네."

아버지가 웃으며 말씀하셨다. 낙제한 이후 알게 모르게 스스로 기가 죽어 있던 나도 활짝 웃었다. 다른 아이들은 글자를 몰라도 2학년이 되었고, 2학년으로 올라간다 해서 상을 받은 아이도 없는 것 같았다. 그러나 나는 한글을 깨치지 못해 낙제를 했지만, 창피하여 흘린 눈물이 있었기에 2학년 올라갈 때 선물까지 받았다. 바느질 솜씨 좋은 엄마가 보은 장에 가서 치마저고리 감을 두 벌 끊어다 동생 것과 같이 만들어 주셨다.

졸업식 날 읍내에서 사진사가 왔다. 아버지가 사진사를 집으로 데려 오시더니 가족사진을 찍자고 하셨다. 그러나 할머니가 싫다고 하시는 바람에 엄마도 찍지 않으셨다. 몇 달 전 추석 때 아버지의 사진기로 할아버지와 할머니 독사진을 찍어 드린 적이 있었다. 그때 할머니는, 사진을 자꾸 찍으면 혼이 나간다며 다시는 찍지 않겠다고 하셨다. 그러더니 정말 그 후에는 단 한 장도 찍지 않으셨다. 혼이 나갈까 봐 걱정되어서가 아니라 주름살 많은 것이 신경 쓰여서 그러신 것 아니었을까.

아버지와 우리 사 남매만 찍었다. 젖먹이 남동생을 안은 아버지 오른쪽으로는 오빠가, 아버지 왼쪽으로는 나와 여동생이 섰다. 오빠는 노란 단추가 예닐곱 개 달린 검정색 학생복을, 여동생과 나는 엄마가 만들어 주신 빨강 치마에 노랑 저고리를 입었다. 걱정도 갈등도 미움도 부족함도 부끄러움도 모르던 때였다.

# 골보 시절 · 1

우리 집은 날마다 시끄러웠다. 오빠 때문에 내가 울지 않으면 나 때문에 여동생이 울었다. 터울을 하나 건너서는 싸우지 않게 되는데, 세 살 위의 오빠와 두 살 아래의 여동생 사이에 끼인 나는 좌충우돌했다. 할머니가 '골보'라고 하시는 것도 속상한데, 오빠가 '주워온 애'라느니 '성 두 자 이름 한 자'라느니 '말더듬이'라고까지 해서 기분이 좋지 않았다. 동생마저 오빠 말투를 흉내 내어 골릴 때는 명주실 같은 머리털을 잡아당기거나 보드레한 뺨을 꼬집었다. 그러면 동생은 날카로운 소리를 내며 울어댔고, 놀라 달려온 엄마는 언니가 되어 동생을 못살게 하면 되느냐고 나만 나무랐다.

형제들은 아버지를 닮아 몸피가 가늘고 살색이 흰 편인데다 홑꺼풀 눈이었다. 눈동자는 노리끼리한 갈색, 한 줌이나 될까 싶은 반고수머리도 노란색에 가까웠다. 오빠는 언어 구사력이 남달랐고 동생은 말의 속도가 빨랐다. 그런데 나는 통통한 몸집에 까무잡잡한 피부, 쌍꺼풀진 까만 눈, 오빠가 아버지 구둣솔 만들면 좋겠다고 할 만큼 머리카락은 새까맣고 숱이 많았다. 그러므로 속상하긴 하지만, 다리 밑에서 주워온 애라고 해도 반박할 말이 없었다.

어른들한테 여쭈어보았다. 나를 정말 주워 왔느냐고. 아니라고 하셨다. 놀리려고 부러 하는 말이니 못 들은 척 하라고 하셨다. 오빠한테만이라도 앙갚음을 하고 싶었다. 이름에 '창'자가 들었다고 '창깨구락지', 머리카락 노랗고 살색 허옇다고 '미국놈', 홑꺼풀이면서 눈이 작다고 '새뱅이눙깔'이라고 했다. 그랬더니 오빠가 잠시 멍하니 쳐다보았다. 아버지 계시지 않을 때뿐이긴 했지만 마음껏 놀려 먹어도 입만 내밀던 나였다. 대꾸를 한다고 해 봤자 더듬거릴 뿐이었다. 그런데 전에 없이 눈을 부릅뜨며 속사포로 퍼부어 대어 어이가 없었던 모양이다. 주먹으로 내 머리통을 힘껏 쥐어박고는 혀를 쑥 내밀었다. 어찌나 아프던지 목을 놓아 울었다.

"쯧쯧. 쟈가 맞을 짓을 헌다니께? 지지배가 워디서 오래비를 놀려?"

할머니와 엄마는 내가 동생하고 싸우면 언니가 져 주지 않는다고, 오빠와 싸우면 오빠한테 대든다고 꾸중하셨다. 그러니 이래저래 골보일 수밖에 없었다.

# 골보시절 · 2

아랫마을 점순이언니가 고구마를 가져왔다. 엄마가 쪄서 한 개씩 나눠 주셨다. 동생과 나는 바로 먹기 시작했지만 오빠는 자기 몫을 감춰 놓고 내게 한 입만 달라고 했다. 나는 주지 않았다. 한참 후 오빠가 자기 몫을 들고 나타나 필요 이상으로 냠냠거렸다. 약 올리기 위한 것이었는데 나는 속도 없이 조금만 달라고 했다. 선선히 줄 오빠가 아니었다. 징징거리며 쫓아다니는 걸 엄마가 보셨다.

"너는 지 꺼 먹었으면 됐지 왜 오빠 껄 달라구 그랴? 그라고 너는 동생들 먹을 때 같이 안 먹고 왜 약을 올리니?"

오빠가 선심 쓰는 척 고구마를 내밀었다. 하지만 그것은 도저히 먹을 수가 없었다. 질척한 고구마를 침이 잔뜩 묻은 혀로 샅샅이 핥았기 때문이다.

"골보야, 저 된장 투가리가 워떻게 끓고 있냐?"

화로 속에 있는 된장 뚝배기를 한참 바라보던 오빠가 입을 열었다. 별 생각 없이 보골보골 끓는다고 말했다. 그러자 오빠는 싱긋 웃더니 그 말을 빨리빨리 계속해 보라고 했다.

"보골보골보골보골보골보……."

오빠 눈에 장난기가 가득했다. 또 당한 것이었다.

"거 봐라. 된장 투가리도 널 보고 골보골보 하잖냐?"

오빠 말을 인정해서가 아니라 딱히 대꾸할 말이 생각나지 않아 뿌루퉁했다. 오빠가 또 물었다.

"가로로 쓰나 세로로 쓰나 똑같은 말이 뭔 줄 아니?"

"몰러."

오빠가 '그럼 그렇지. 네깟 것이 알 턱이 없지.' 하는 얼굴로 다음과 같이 종이에 써서 손가락으로 짚어가며 읽어 주었다.

송아지
아버지
지지배

신기했다. 그러나 '지지배'라고 쓴 것이 나를 한 번 더 욕한 것 같아 삐쳤다.

"너, 1원으로 2원짜리 공책 살 수 있겠냐?"

"못햐."

"대가리 좀 굴려 봐라. 1원짜리 공책을 사서 하꼬방을 나오는 겨. 그러다가 다시 가서, '지가 아까 1원 드렸지유? 이 공책도 1원이지유? 이것도 드리면 2원 드리는 거 맞지유? 그럼 2원짜리로 바꿔줘유.' 하면 되는 겨."

오빠는 참말로 머리가 좋다고 생각했다. 감탄하는 얼굴로 오빠를 바라보자 할머니가 혀를 차며 웃으셨다.

"쯧쯧쯧. 네깐 놈 꾀에 넘어갈 장사가 워딨냐? 그리고 너는 저 싱검쟁이 오래비 말을 곧이듣는 겨? 원 어수룩하기는……."

저녁 식사 후 오락 시간. 젖먹이 동생은 이 무릎 저 무릎 옮겨 다니며 까르르 웃기만 하고, 오빠는 시시하다는 듯 뒷전에 앉아만 있었으니 여동생과 내 무대였다. 그러나 나는 춤을 춘답시고 너풀거려 봤자 박장대소나 하게 할 뿐이었고, 여동생만 낭창거리는 몸짓으로 인기를 끌었다.

"하이고! 조 한들한들하는 어깨하구 손 좀 봐라. 워쩌면 조렇게도 나긋나긋하다?"

"그러게유 어무님. 잰 누굴 닮았을까유?"

"허허허. 재가 무용에 소질이 있는 모양이구먼."

할머니도 아버지도 엄마도 흐뭇해하셨다. 그렇게 되면 나는 시쁘둥한 얼굴로 주저앉을 수밖에 없었다. 그래도 다음날이면 또 여전히 겅중거렸다. 가만히 앉아 있을 수 없도록 어른들이 부추기셨기 때문이다.

힘으로도 꾀로도 이길 수 없던 오빠. 난 오빠의 밥이었다.

오빠가 꽃싸움을 하자고 했다. 진달래의 암술을 어긋매껴 상대방 꽃술을 끊는 것이었는데, 삼세판을 해서 지는 사람은 이긴 사람의 청을 하나 들어 주기로 했다. 오빠가 시키는 대로 내가 밑에서 걸어 올렸다. 두 판을 내리 졌다. 한 번만 더 하자고, 이번에는 오빠가 밑에서 걸어 올려 보라고 했지만 오빠는 이미 끝났다며 응해 주지 않았다.

"약속 지켜라. 배추짠지 썰어 넣고 밥 볶아 와."

할 수 없이 부엌으로 들어갔다. 양은냄비에 찬밥 한 그릇과 쫑쫑 썬 배추김치를 넣었다. 아궁이의 등걸불을 부삽으로 떠서 냄비를 올려놓고 숟가락으로 뒤적였다. 엄마가 벌벌 떠는 참기름과 깨소금도 넉넉히 넣고 사카린도 한 개 넣었다. 빠작빠작, 냄비 바닥에 눌어붙는 소리를 내며 밥이 잘 볶아졌다. 냄비 째 오빠한테 들고 갔다. 고소한 냄새가 방안 가득 퍼졌다.

"어이구, 정근이가 제법이네? 오빠 밥도 볶아줄 줄 알구."

엄마가 기특하다는 듯 말씀하셨다.

"야! 맛있겠다."

오빠가 얼른 숟가락을 들었다. 그런데 한 숟가락 먹어 보더니 야릇한 표정을 지었다.

"어? 밥이 왜 이렇게 다냐?"

밥이 달다는 말에 바느질하던 엄마가 맛을 보셨다.

"이런! 너 사카린 넣었구나?"

"더 맛있으라구…."

"오빠가 아무리 단 걸 좋아해도 그렇지 밥에 사카린 넣는 애가 워딨어?"

그래도 오빠는 한 톨도 남기지 않고 다 먹었다.

# 손님

설 무렵, 말로만 듣던 삼촌이 휴가를 나오셨다. 그때까지 내가 본 사람 중 키가 제일 컸다. 육이오가 나자마자 학도병으로 입대했다는 아버지의 동복아우님이었다. 할머니는 6년인가 7년 만에 만나는 작은아들의 얼굴을 어루만지며 눈물을 흘리셨다. 아버지보다 열 살 어린 삼촌. 몇 년 만 일찍 태어났더라면 할아버지가 작은부인을 두지 않으셨을지도 모른다. 환경이 성격을 바꿔 놓았는지, "잔나비띠여서 흉내도 잘 내고 재미있는 애기도 잘한다."던 엄마 말과는 달리 말은커녕 웃지도 않으셨다.

여름방학 때는 외가 삼촌들이 다녀가셨다. 서울에서 각종 비닐 제품 사업을 하신다는 큰외숙을 비롯하여 청원군에서 국민학교 교사를 하는 작은외숙 등 엄마의 가까운 친척 다섯 명이 쓰리쿼터 한 대를 빌려 타고 오셨다. 식사는 우리 집에서, 잠은 교실에서 잤다.

추석 전날에는 삼산리에서 할아버지네 식구들이 오셨다. 마흔여섯 살의 둘째할머니, 스물네 살의 삼촌, 열한 살의 둘째 고모, 피난 중에 낳았다는 막내 고모는 나보다 다섯 살이나 어렸다. 갓 시집간 큰고모만 빠졌다. 전쟁 전 고향에서는 한 집에서 살았다지만 나로서는 할아버지 외에는 모두 낯선 이들이었다. 할아버지가 서울에서 전매청에 근무하시던 1950년, 군인 삼촌과 함께 양정 고보를 다니던 작은삼촌은 운동장에서 입대 심사를 받다가, "저 애가 제 형입니다. 둘 다 군인 가서 잘못되면 우리 부모님 못 사십니다. 저는 빼 주세요."라고 해서 면제받았다는 것이다.

작은할머니네가 오시던 그날 밤, 할머니한테 여쭈었다.

"저 할무니가 작은할무니여유?"

"오냐."

"할아부지는 왜 우리와 안 살아유?"

"작은할무니와 아재와 고모들을 돌봐 주셔야 허니께."

할아버지보다 한 살이 많던 우리 할머니는 갸름한 얼굴에 온순한 성격이었고, 둘째할머니는 사각형 얼굴에 눈·코·입이 큼직하고 목소리가 굵었다. 쉰네 살이던 우리 할머니는 주름살이 많았고, 둘째할머니는 새끼손가락이 하나씩 더 있었다.

추석 이튿날 학예회를 했다. 교실 하나에 무대를 만들고 남포등도 몇 개 걸었다. 마을 사람들과 함께 우리 식구도 자리를 잡았다. 3학년 이상만 무대에 섰다. 2학년이던 나는 식구들과 구경만 했고, 4학년이던 오빠는 합창을 끝내고 우리 곁으로 왔다. 6학년 언니들의 춤이 시작되었을 때 삼촌이 슬그머니 사라졌다. 식구들한테 물어봐도 다들 모른다고 했다. 6학년 언니들의 춤이 끝나자 검은 막이 쳐졌다. 선생님들이 등불 몇 개를 무대 뒤로 옮겼다. 장내가 어둑해지자 사람들이 웅성거렸고, 장막 뒤로 누가 지나가는 그림자가 비쳤다.

"자, 조용하세요. 이번에는 그림자놀이를 하겠습니다."

모습은 보이지 않고 남자 어른의 점잖은 목소리만 들렸다. 무대에 불이 꺼지자 벽에 걸린 흰 장막에 삿갓쟁이 그림자가 나타났다. 그때 '김삿갓' 노래도 들렸다.

죽장에 삿갓 쓰고 방랑 삼천리
흰 구름 뜬 고개 넘어 가는 객이 누구냐
열두 대문 문간방에 걸식을 하며
술 한 잔에 시 한수로 떠나가는 김삿갓

세상이 싫던가요 벼슬도 버리고
기다리는 사람 없는 이 거리 저 마을로
손을 젓는 집집마다 소문을 놓고
푸대접에 껄껄 대며 떠나가는 김삿갓

방랑에 지쳤나 사랑에 지쳤나
괴나리봇짐 지고 가는 곳이 어데냐
팔도강산 타향살이 몇몇 해던가
석양지는 산마루에 잠을 자는 김삿갓

천천히 부르는 노랫가락에 맞춰 지팡이를 든 삿갓쟁이 그림자도 느릿느릿 산을 향해 걸어갔다. 한눈을 팔거나 떠드는 이 하나 없었다. 노래가 끝났을 때는 삿갓쟁이도 서산마루로 잠을 자러 갔는지 보이지 않았다. 무대가 다시 밝아졌다.

"노래 잘한다. 누구여? 얼굴 좀 뵈 줘라!"

어떤 순서보다 박수와 환호가 컸다. 그러나 김삿갓 노래를 구성지게 부르던 주인공은 끝내 모습을 보이지 않았고, 선생님 한 분이 이것으로 학예회를 모두 마친다고 하셨다. 자리에서 일어나다 보니 삼촌이 어느새 내 뒤에 앉아 웃고 계셨다.

"아재, 워디 갔다 왔어유? 재밌는 것두 안 보구."

"재밌더냐? 뭐가 젤 재밌더냐?"

"금방 끝난 거유. 그림자놀이."

"그려? 김삿갓이 노래를 잘 부르더냐?"

"야. 그림자놀이도 재밌었고 김삿갓이 노래도 잘 불렀어유. 박수도 제일 많이 쳤어유. 그런데 아재는 워디 갔다 왔어유?"

"노래, 내가 불렀다 이놈아! 그림자놀이도 내가 한 거여. 하하하."

둘째삼촌은 재주가 많으신 것 같았다. 종이에 건반을 꼼꼼하게 그려 방바닥에 놓고 내 음악책으로 연습했다가 그날 밤 교무실에 가서 능숙하게 쳐 보이셨다. 노래도 잘했지만 대숲에 앉아 있는 호랑이를 잘 그리셨다. 군인 삼촌보다 키는 조금 작았지만 반듯한 얼굴에 성격이 활달하셨다. 짓궂은 구석도 있었다. 이른 아침에 동생과 나를 데리고 운동장을 걷다가 조회대에 앉혀놓더니 느닷없이 가볍게 뺨을 한 대씩 때렸다. 누구 뺨이 때리기 좋은가 봤다며 유쾌하게 웃으셨다. 아프지는 않았지만 기분이 나빠 입도 내밀고 눈도 흘겼다.

# 누룽국 만들던 날

손국수를 자주 해 먹었다. 우리 집에서는 '누룽국'이라고 했다. 모자랄 듯싶으면 물 한 바가지 더 붓고 양을 늘릴 수 있어서 '늘잉국' 하다가 누룽국이 됐는지, 밀가루에 날콩가루를 섞어 면발이 누렇다고 '누런국' 하다가 그렇게 불렀는지 모르겠다. 어쨌든 반죽에서 써는 일까지는 할머니가, 양념장을 만들고 국수를 끓이는 일은 엄마가 하셨다. 누룽국을 만드는 날은 과자도 먹을 수 있었다.

국수 만드는 날이면 할머니는 옹배기 가장자리에 득, 득, 부엌칼부터 갈아 놓으셨다. 그리고는 방을 청소한 다음, 밀가루 포대 두어 개를 뜯어 만든 깔개를 펴고, 두껍고 넓은 국수안반 위에 반죽을 올려 윤기가 날 때까지 치대셨다. 치댄 반죽을 홍두깨에 감싸 바깥쪽으로 밀 때마다 배로 넓어졌다. 둥그런 모양을 유지하기 위해 반죽을 감는 홍두깨의 방향은 매번 바꿔 주었고 달라붙지 않도록 밀가루를 뿌리셨다. 반죽의 두께를 만져 봐 가며 이 과정을 몇 번 반복하셨다. 두레상만큼 넓어지면 할머니는 칼질하기 알맞게 접어 안반 위에 놓고 꼬등부터 잘라 내셨다. 그리고는 익숙한 솜씨로 썰다가 꽁댕이도 남겨 주셨다. 끝까지 써셨다가는 우리 등쌀에 못 이겨 국수 오가리 몇 개를 다시 밀어 주셨다. 은근한 화롯불에 석쇠를 걸쳐 놓고 노릇노릇 꽈리가 일도록 구워 주시던 할머니의 과자는 소박하고 담백했다.

그동안 엄마는 솥에 불을 지피셨다. 겨울에는 부엌 아궁이에, 여름에는 한뎃솥에. 국수 삶을 물이 끓는 동안 고명과 양념장을 만드셨다. 어른들을 위해서는 갖은 양념 빠직하게 한 '지고추' 간장을, 얼큰한 것을 먹지 못하는 우리에게는 깨소금간장을 만들어 주셨다. 물이 끓으면 엄마는 열 개의 손가락으로 국수 가락을 낱낱이 흔들어 한줌씩 뿌려 넣었다. 부뚜막에 올라가 있던 내가 그것들이 서로 엉겨 붙지 못하도록 기다란 나무주걱으로 솥 안을 휘저으면 엄마는 맏딸은 살림밑천이라며 웃으셨다. 국수가 어지간히 끓으면 애호박·감자·쪽파 등을 굵게 채 썰어 한 번 더 끓였다. 마당에 모깃불을 피우고, 멍석을 깔고, 두레상을 펴 놓는 일은 아버지 몫이었다.

노르께한 국수와 파릇한 애호박이 익으면 커다란 자배기에 퍼 담았다가 앞앞이 떠 놓았다. 여름에는 사기대접, 겨울에는 '뱅뱅

두리'라고 하던 넓적한 '반병두리'에 담아 주셨다. 아홉 살이던 나도 뱃구레가 든든하도록 먹었다. 그런 날 저녁 놋쟁반 같은 달이라도 둥실 떠오르면 아버지는 하모니카를 부셨다.

# 2.

# 꽃무덤

# 귀향

1957년, 피난살이 만7년 만에 보은을 떠났다. 아버지의 새 부임지는 중원군 이류면 매현리 매현국민학교였다. 군(郡)만 같을 뿐 우리에게는 타향이나 다름없는 곳이었다. 농사를 지어보겠다는 엄마는 네 살배기 남동생과 나를 데리고 고향인 신니면 송암리로, 할머니와 아버지는 오빠와 여동생을 데리고 매현으로 가셨다.

이사하던 날 새벽에 삼륜차가 두 대 왔다. 앞바퀴 하나 뒷바퀴 둘. 할머니는 맹꽁이차라고 하셨다. 엄마와 남동생과 나는 앞차 조수석에, 할머니와 오빠와 여동생은 뒤차 조수석에, 아버지는 뒤차 짐칸에 타셨다. 아버지와 헤어져 살 거라는 말을 듣고 나니 눈물이 줄줄 흘렀다. 엄마가 달래다 야단치고 운전사 아저씨가 놀려도 소용없었다. 결국 차를 멈추고 아버지한테, "한 달에 두 번은 가겠다."는 약속을 받고 나서야 눈물을 거뒀다.

낯선 동네와 읍을 지나는 동안 한나절이 지났다. 길가 식당에서 국밥을 사 먹었는데 속이 계속 부대꼈다. 중원군 이류면과 신니면으로 갈라지는 대소원에 이르렀다. 아저씨들 몇이 길가에 지게를 받쳐놓고 앉아 계셨다. 아버지가 그들과 이야기를 나누시는 동안 우리도 모두 차에서 내렸다. 한참 후 아버지가 난감한 얼굴로 오셨다.

"매현학교 부형님들이 이삿짐을 날라 주러 오셨어. 여기서부터 학교까지는 30리가 넘는데 걸어서 가야 한댜. 들을 건너고 마을도 몇 지나 산길만도 십 리쯤 가야 한다는데 미자가 잘 걸어갈 수 있을지 모르겠네. 어두워지기 전에 고개를 넘어야 한다는데…."

'미자'는 두 살 어린 동생의, 집에서 부르는 이름이었다. 할머니와 엄마의 얼굴에 근심스러운 기색이 완연했다. 보은에서는 늘 자동차로 이사를 다녔는데, 아버지의 새 부임지가 삼륜차도 들어갈 수 없는 산골일 줄은 아무도 몰랐다. 아저씨들이 매현으로 갈 짐을 지게로 옮기자 뒤차는 어디론가 가버렸다. 자동차 타는 것만 좋아서 재재거리던, 만 여섯 살 반밖에 안 된 여동생이 비로소 분위기를 알아챘는지 저도 엄마를 따라가겠다며 울었다. 그런 동생을 보자 아버지와 헤어지는 섭섭함을 내색할 수 없었다. 오빠만 의젓하고 담담해 보였다.

해질녘 고향에 도착했다. 마을은 신작로보다 높은 곳에 있었다. 약간의 비탈길을 올라간 자동차는 신작로에서 제일 가까운 집 바깥마당에서 시동을 껐다. 돌멩이가 듬성듬성 박힌 토담 안에 지은 지 얼마 안 될 듯한 초가집이 보였다. 엄마는 잠든 동생을 자동차 의자에 눕혀놓고, 재로 불씨를 꼭꼭 묻어놓은 화로부터 안고 들어갔다. 나는 집 구경부터 했다. 꽃무늬 벽지를 바른 방이 셋 있고, 광·헛간·외양간·변소, 있을 건 다 있었다. 앞뒤 마당도 꽤 넓었다.

집 옆에 무너지다 만 긴 돌담이 있었다. 돌담 안은 잡초만 무성한 빈터였는데 누구 말마따나 운동장만 했다. 전쟁 때 불타버렸다는 옛집. 동생과 나와 오빠가 태어나고, 아버지의 형제들이 태어나 자라시고, 윗대 조상님들이 낳고 자라 돌아가신 탯자리라고 했다.

# 전학 가던 날 · 1

고향에 온 지 사흘쯤 됐을 때 매산에서 할머니가 오셨다. 나를 전학시켜 주신다는 명분도 있었겠지만 오매불망 그리던 고향이 보고 싶으셨기 때문이었을 것이다. 할머니가 오시자 엄마가 남동생을 데리고 아버지한테로 가셨다. 엄마도 아버지의 부임지며 그곳 가족들이 어떻게 지내고 있는지 궁금하셨을 것이다.

내가 다닐 학교는 동락국민학교였다. 새 학교에 대한 기대감과 두려움으로 가슴이 뛰었다. 까만 속바지 위에 빨강 치마와 노랑 저고리, 그리고 스웨터를 입고 꽃고무신을 신었다. 할머니는 동백기름 발라 참빗으로 비다듬은 쪽머리에 은비녀를 꽂고 회색빛 유똥 치마와 저고리에 스웨터를 입으셨다.

"우리 집만 읎어졌구나. 신작로도, 민의실도, 수리조합도, 동래기도, 낙엽송 산도 다 그대론데……."

신작로를 걸으며 할머니가 혼잣말처럼 중얼거리셨다. 앞니가 약간 빠드러졌고 얼굴도 예쁜 편은 아니었지만, 순한 눈매며 동그스름한 코와 이마의 주름살이 자애로운 인상이었다.

"난리 때 불탔다는 우리 집 컸어유?"

"그럼. 동네서 젤 크고 좋았지."

"지금 집도 좋잖어유? 마당도 넓구."

"보은에서 살던 집에 대면 대궐이지."

"할무니는 언제부터 여기 살았어유?"

"시집 오면서부터니께 열아홉 살 때지."

"아부지도 동락학교 댕기셨어유?"

"느 애비는 면소 옆에 있는 용원핵교 댕겼단다. 동래기핵교는 낭중에 생겼어."

"그럼 아부지는 동락학교 몰러유?"

"웬걸. 사범핵교 졸업하구 잠시 촉택으로 댕겼지. 그때 느 애비가 교가도 맨들었댄다."

"교가도유? 그런데 촉탁은 뭐예유?"

"임시 선상이여. 호적이 늦어서. 용원핵교서부터는 진짜 선상님 했지."

"할아부지는 면장님 되셨다면서 워디 사셔유?"

"용원. 면소도 면장 관사도 거기 있으니께……. 그건 그렇구 너, 공부 잘혀야 한다. 동래기핵교 교장선생님은 애비 선배님이구, 친

구 선상님도 있을 거여. 애비 낯 깎이게 하지 말구 잘 햐."

할머니가 낙제했던 사실을 상기시키셨다.

"애들이 나하고 잘 놀아줄까……."

"그럼. 이 동네에도 느 반 애들 멫 있을 거여. 옆 동네 왜실에는 아재뻘 되는 태식이도 있구."

등교 시간이 지났는지 신작로를 걷는 사람은 할머니와 나뿐이었다. 동막산과 신덕저수지를 좌우로 끼고 10분 남짓 걸어가니 '동락국민학교'라고 쓴 커다란 현판이 보였다.

# 전학 가던 날 · 2

학교는 깨끗하고 아늑해 보였다. 운동장 가장자리로 버짐나무들이 늘어서 있고, 그 한 옆에 젊은 아줌마 동상도 있었다. 오른쪽으로 파란 기와를 올린, 그때까지 내가 보아온 어떤 건물보다 크고 멋진 황토색 건물도 눈길을 끌었다.

할머니를 따라 조회대 뒤에 있는 건물 안으로 들어갔다. 반짝반짝 윤이 나는 긴 골마루. 앞서 걷던 할머니가 '직원실'을 지나 '교장실' 팻말 앞에서 멈추셨다. 나를 한 번 돌아보고 살며시 미닫이를 여시기에 나도 얼른 따라 들어갔다.

"교장선상님, 그간 편안하셨세유? 증태영이 에미구먼유."

'김긍중'이라는 명패가 놓인 커다란 책상 앞에 앉아 있던 분이 빙그르르 도는 의자에서 벌떡 일어나셨다. 하늘색 넥타이를 단정히 매고 말쑥한 양복을 입은 중년의 신사. 흰 머리카락이 다

문다문한 하이칼라 머리는 포마드를 잔뜩 발라 한 올도 흘러내리지 않았다.

"아, 자당님. 어서 오십시오. 그렇잖아도 증 교장한테 연락 받았습니다. 저 애가 정근이구먼요?"

"야아. 애비가 교장선상님부터 찾아뵈라구 혀서……."

할머니가 교장선생님과 인사를 나누는 동안 나는 아직도 출입문 앞에 서서 두리번거리고 있었다. 보통의 교실보다는 좁았지만 밝고 깨끗했다. 마룻바닥이 유난히 반짝거렸다. 유리창 이 저쪽에 매어놓은 하얀 커튼, 한쪽 벽을 채우고 있는 책장과 그 안의 책들, 그 옆에 세워놓은 교기(校旗)도 찬찬히 구경했다. 그러면서 '우리 아버지도 교장선생님인데 아버지는 왜 이런 사무실이 없었을까.' 하는 생각을 했다.

"얼렁 와서 절 햐. 교장선상님께."

할머니가 채근하셨다. '인사만 하면 되지 무슨 절까지 하라?' 그러면서 주춤주춤 할머니 옆으로 걸어갔다. 그리고는 세배할 때처럼 양손을 이마에 대고 엉덩이를 반쯤 내렸다. 교장선생님이 소리 내어 웃으며 됐다됐다 하셨다. 할머니도 내 팔을 툭 치셨다.

"아, 그냥 서서 하면 되지."

무안하고 창피했다. 엉거주춤했던 자세는 바로 세웠는데 고개를 들 수가 없었다. 등에서 땀이 나고 얼굴이 홧홧했다. '그러게 그냥 인사만 할랬는데 왜 절은 하라고 하셔서…….' 할머니를 원망했다.

"직원실로 가 보세요. 엄익진 선생 아시지요? 엄 선생이 3학년 담임이에요. 교실에서 나왔을 겁니다."

교장선생님 말씀에 할머니가 공손히 허리를 굽히셨다. 나도 빨개진 얼굴로 인사를 하고 할머니를 따라 나왔다.

할머니와 엄 선생님은 서로 금방 알아보셨다. 엄 선생님은 키도 크고 몸피도 당당해 보였다. 머리는 짧게 깎아 씩씩한 군인처럼 보였다. 까맣고 짧은 머리카락이 한 올 한 올 흔들렸다. 눈이 부리부리하고, 코가 우뚝했고, 살색은 누랬고, 목소리는 굵고 낮았다.

"객지에서 고생 많으셨지요?"

"뭘유. 남들 다 겪은 일이었는데유. 선상님네도 다들 무고하시지유?"

"네. 말씀 낮추세요. 그런데 어머님이 여기 계실 겁니까?"

"아녀유. 여기는 야 에미가 있을 거구 나는 매산 가 있을 거구먼유. 거기도 핵교 댕기는 애들이 둘이나 있어유."

"그러시군요. 정근아, 오늘은 할머니 따라서 그냥 가고 낼 아침에 교실로 오너라. 우리 교실은 요 뒤에 있다."

엄 선생님이 복도 뒤쪽 건물을 가리키며 말씀하셨다. 밖으로 나오니 남자 아이들이 싸리비를 들고 여기저기서 청소를 하고 있었다. 말다툼을 하는 아이들도 있었고, 쫓기고 쫓는 아이들도 있었다. 개학 첫날이어서 수업은 없는 모양이었다.

아까부터 궁금하던 파란 기와집 쪽으로 갔다. 손바닥으로 양 옆을 가리고 유리창 안을 들여다보았다. 높은 천장, 넓은 무대, 텅 빈 마룻바닥, 강당이었다. '학예회를 하는 곳이구나. 나도 저 무대에 서 볼 수 있을까. 아버지처럼 노래를 잘 부르거나 하모니카를 불 줄도 모르고, 동생처럼 한들한들 춤을 출 줄도 모르고, 작은삼촌처럼 그림자놀이도 할 줄 모르는데…….' 그런 생각을 하다가 옆을 보니 할머니도 어느새 나처럼 보고 계셨다. (훗날 나는 그 강당에서 '윤회'를 낭독했다.) 젊은 아줌마 동상 앞으로 갔다. '김재옥 선생님'이라는 글씨가 새겨져 있었다.

"육이오 때 국군 도와줬다는 선상님인개벼. 느 애비가 그러는데 난리 났을 때 괴뢰군이 쳐들어와 선상님들을 한곳에 가뒀댜. 그란데 저 여 선상님이 뒷산으로 도망쳐서 우리 군인들한테 알렸댜. 그래서 우리 군인은 하나도 안 다치고 빨갱이놈들을 죄 죽일 수 있었댜."

못 들은 척 앞장서서 걸었다.

"골났냐? 또 뭐에 틀어진 겨?"

할머니가 걸음을 빨리하여 내 얼굴을 들여다보셨다.

"그럼 골 안 나유? 인사해라, 하면 될 걸 괜히 절은 하라구 해서. 챙피해서 죽을 뻔했어유."

"인사라는 말은 늬들이나 하는 소리지 할무니는 서서하는 것도 절이라고 햐. 담부터는 집 아닌데서 절해라 하면 그냥 서서 햐."

"몰러유. 담부터는 할무니랑 안 댕길 거여. 말도 안 할 거여."

"그러냐? 그럼 그러려무나."

상관없다는 듯 할머니가 웃으셨다. 온 길을 되짚어 말없이 걸었다. 입을 다물고 있자니 답답한 건 나였다.

"…… 할무니, 근데 엄 선생님 잘 알어유?"

"아다마다. 한 고향 사람인데다 느 애비 친구니께. 핵교 댕길 때는 우리 집에 놀러도 왔었구."

"엄 선생님은 튼튼해 보여유. 아부지는 호리호리한데."

"부주여."

"부주가 뭐여유?"

"조상님들을 닮았다는 말이여. 엄 선상 할아부지도 아부지도 다들 기골이 장대하셨거든. 그런데 엄 선상은 워디가 아픈가, 학상 때만 못하드라. 눈만 화등잔 만하구……."

"아부지도 부주여유?"

"느 애비는 할아부지를 닮아서 연필이지."

"연필이유?"

"몸이 가늘고 약하게 생겼다는 말이여. 그래도 아픈 곳은 읎다."

"…… 엄 선생님, 미남이지유?"

"그렇구말구. 누가 봐도 잘났지. 그런데 느 애비도 좀 잘생겼냐? 사범핵교 댕길 때는 일본 선상님이 델꾸 갈라고 했다."

"어디로유?"

"즈 나라로."

"왜유?"

"영화 배우 시켜 주겠다구."

"왜 안 가셨어유?"

"워떤 자식인데 딴따라를 시켜? 좋은 공부를 한다 해도 일본꺼정 가면 으른들이 반댈 하실 텐데. 청주서 사범핵교 댕긴 것도 겨우 참으셨단다."

"아부지는 가고 싶어 하셨어유?"

"웬걸. 느 애비도 애들 가르치는 게 젤 좋다."

저수지 쪽에서 바람이 불어왔다. 상큼한 듯 쌀랑한 봄바람. 신작로 옆 동막산 기슭에 피어 있던 보랏빛 붓꽃 한 송이가 고개를 끄덕였다.

# 외삼촌들의 선물 · 1

학교에서 돌아오니 엄마가 커다란 꾸러미를 보여 주셨다. 짙은 남색 바탕에 주황색 장식이 달린 책가방은 작은외삼촌이, 주황색 스웨터와 빨간 코르덴 바지와 반코트는 큰외삼촌이 사 보낸 것이었다. 엄마가 하라는 대로 입고 들고 서 있었다.

"하이고! 참말루 이쁘다. 방안이 다 훤하구먼. 낼부터 핵교 갈 때 이렇게 하고 가."

엄마가 더 좋아하셨다. 나는 옷도 가방도 마음에 들긴 했지만 그런 차림으로 학교에 갈 용기는 없었다. 대부분 무색의 무명옷을 입었기 때문이다. 더구나 전학 온 지 얼마 되지도 않을 때였다.

"싫어. 집에서만 입을 거여. 가방은 중학교 가면 쓰고."

"뭐? 아, 집에서 입을 옷이 읎어서? 그라고 가방은 국민 학생 꺼여."

"애들이 놀린단 말여."

"어이구 조런……."

엄마가 길게 무어라 하셨지만 아랑곳하지 않았다. 옷은 벗어 횃대에 걸어놓고 가방은 한참 만져 보다가 한 쪽에 두었다.

이튿날 아침, 엄마가 말씀하셨다.

"핵교 갈 때 저 옷 입어라. 책과 공책도 가방에 다 담아 놨다."

"싫다니께?"

"말 들어."

엄마가 설거지하시는 동안 가방에 넣었던 학용품을 다시 보자기에 쌌다. 그리고는 허리에 두르고 잽싸게 마당을 달려 나갔다. 엄마 목소리가 쫓아왔지만 돌아보지 않았다. 그날 학교에서 돌아오자 엄마는, 외삼촌들 성의를 무시해도 분수가 있지 그럼 못 쓰는 거라느니, 하루 이틀 지나다 보면 애들도 잠잠할 거라느니 하셨다.

이튿날은 엄마가 지켜 앉아 계셨다. 별 수 없었다. 학교 가는 길에 아이들이 힐금거리며 수군대는 것 같았다. 그러나 나는 한 반 아이들이 뭐라고 할까 하는 것만 걱정 되었다. 교실 문을 열자 아니나 다를까, 남자 아이들이 괴성을 지르며 야단법석을 떨었다. 여자 아이들은 호기심어린 눈으로 혹은 샐쭉한 눈초리로 쳐다보기만 했다.

"야들아, 저 지지배 좀 봐라. 워디서 굴러먹다 온 개뼉따구냐?"

"가방꺼정 들었어."

"고리땡에 가방쟁이여!"

"보×땡이다!"

얼금뱅이 굴때장군 교봉이가 제일 설쳤다. 생김새만 봐서는 졸업을 해도 진작 했을 것 같은 아이. 그 녀석이 능글맞은 웃음을 지으며 다가오더니 내 가방을 힘껏 찼다. 그것이 신호라도 된 듯 남자 아이들이 몰려들어 한 번씩 걷어찼다. 가방은 삽시간에 사방으로 던져지거나 걷어 채였다. 그때 한쪽 눈동자가 허연 남자 아이가 그만 좀 하라고 했다. 아재뻘 된다는 태식이었다.

"야, 이새꺄! 니가 저 지지배 애인이라도 되냐? 왜 나서고 지랄여?"

"…우리 일가여. 내 조카여."

"일가고 나발이고 절루 가. 이 눙깔 깨물어진 새꺄!"

아니꼽다는 듯 교봉이가 태식이의 멱살을 잡았다. 그리고는 뒤로 확 밀쳤다. 태식이가 비틀거리다 신음하며 넘어졌다. 반장은 웃고만 있었다. 아무 대항도 못하고 쳐다만 보는 내가 얕보였는지 뒤에 와서 옷자락을 잡아당기는 녀석도 있었다.

"니네들 고만 못햐?"

언니 같은 춘희가 한마디 했다. 그러나 녀석들은 듣는 척도 하지 않았다. 선생님 오신다고 한 아이가 소리치자 그제야 모두 자리에 앉았다. 문을 열던 선생님이 발밑에 나동그라져 있는 가방을 집어 드셨다.

"누구 꺼냐?"

"정근이 껀데유."

"그런데 왜 여기 있어?"

"남자 애들이……."

"촌놈들. 남의 책가방을 가지고 장난치다니. 그런데 정근이는 어디서 이렇게 예쁜 가방이 생겼냐?"

나는 고개만 숙이고 있었다. 선생님이 가져다주신 가방 속 연필은 깎아도 깎아도 심이 부러져 나왔다. 그날 오후, 청소를 마치고 집으로 가려는데 교문 뒤에 악동들 몇이 어정거리는 게 보였다.

"걱정 말어. 우리가 지켜 줄게."

한동네 사는 옹례와 문영이, 집이 같은 방향인 성례와 향순이가 바짝 붙으며 말했다. 옹례와 문영이는 키는 작아도 말발이 세었고, 도장골 향순이와 물레방앗간 집 성례는 순하고 착하기만 했다. 그래도 함께 있어주겠다니 고맙고 든든했다. 하지만 몇 발자국 떼지 않아 태도가 달라졌다.

## 외삼촌들의 선물 · 2

교문 뒤에서 왔다 갔다 하는 교봉이를 본 때문이었다.

"정근아, 안 되겠다. 교봉이만 없으면 어떻게 해보겠는데……. 저쪽으로 가면 개구멍 있어. 빠져 나가면 바로 콩밭이거든? 그 옆으로 쭉 가면 우리 동네로 가는 길이 나와."

옹례가 그렇게 말하자 다른 아이들도 고개를 끄덕였다. 같이 있어 달라고 우길 수는 없었다. 친구들이 말한 곳으로 가니 측백나무 울타리 한쪽이 뚫려 있었다. 그쪽 동네 아이들의 지름길인 모양이었다. 빠져나가고 보니 두 녀석이 지키고 있었다.

"야들아, 가방쟁이 열루 나왔다!"

녀석들이 교문을 향해 소리쳤다.

"잘 지켜. 도망 못 가게!"

교문 쪽에 있던 대여섯 명도 소리를 지르며 달려왔다.

"야, 보×땡! 어딜 도망치려구?"

교실에서보다 더 극성이었다. 내 머리와 옷자락에 또는 가방에 흙모래를 끼얹는 놈들도 있었다. 내 편이 돼 줄 아이는 아무도 없었다. 태식이라도 보고 있다가 선생님한테 일러 줬으면 좋겠는데 청소 당번이 아니어서 일찍 가버린 모양이었다. 교봉이와 그 졸개들이 내 앞에 반원형으로 섰다. 검정 코르덴 바지를 입은 교진이도 있었다. 그 애가 코르덴 바지를 입고 있다는 것을 처음 알았다. 교진이는 교봉이의 사촌 동생인데 우리 반 남자 아이들 중 제일 작고 귀엽게 생긴 아이였다. 선생님이, 엄마 젖 좀 더 먹고 와라 하실 정도였다.

"개새끼들아, 내가 너네들한테 잘못한 거 있니? 왜 지랄들여? 특히 너 곰보딱지 추교봉! 선생님한테 다 일러바칠 거다."

쥐도 막다른 골목에 몰리면 고양이한테 덤빈다던가? 교봉이 눈을 똑바로 노려보며 앙칼지게 쏴붙였다. 나도 예상 못한 행동이었다. 벌떼처럼 달려들 것이 겁나 찍소리도 못하고 있었는데 참았던 부아가 한껏 치밀었다. 누르고 눌렀다가 손을 뗀 용수철 같았다고나 할까. 교봉이 졸개들이 멀뚱히 쳐다보았다. 계집애 혼자 겁도 없이 저희 대장한테 들이대니 어이가 없었던 모양이다. 교봉이가 맷돌짝 같은 얼굴을 치켜들고 말했다.

"저 지지배가 지금 뭐라구 씨부렁거렸니?"

"너보고 곰보딱지랴."

"우리 다 개새끼들이랴."

교봉이 얼굴이 일그러졌다. 못생긴 얼굴이 더 못생겨 보였다.

"교진아, 너 저 지지배 발로 한 번 차 봐. 쎄게."

교진이는 망설이듯 나를 쳐다보기만 했다.

"괜찮어. 우리가 있잖어."

교봉이가 교진이 등을 밀었다. 머뭇거리던 교진이가 그 귀여운 얼굴에 인상을 팍 쓰더니 내 오른쪽 다리를 툭, 찼다. 조금도 아프지 않았다. 그러나 일대일이었으면 패줄 수도 있을 것 같은 아이한테까지 발길질을 당하고 보니 분통이 터졌다. 미간을 모으고 입을 앙다물었다. 버텨선 다리도 꼿꼿이 세웠다. 가방을 움켜쥔 손에 잔뜩 힘을 주었다.

"이 개새끼들아아! 개새끼들아아!"

책가방을 무기 삼아 좌우로 휘두르며 소리쳤다. 두어 발자국 앞으로 나서기까지 했다. 작지 않은 눈을 부라리고 교진이를 노려보았다. 교진이가 겁먹은 얼굴을 하고 교봉이 등 뒤로 숨었다. 다른 녀석들도 '저 지지배 순한 줄 알았더니 그게 아니네?' 하는 표정으로 뒷걸음쳤다.

"정근이니? 정근아, 왜 그랴?"

운동장 청소를 하던 영규오빠가 울타리 사이로 얼굴을 내밀었다. 영규오빠는 한 동네 사는 5학년이었다. 엄마들끼리 형님 아우님 하는 사이여서 우리도 남매처럼 지내던 터였다.

"아, 잘 놀았다. 배도 고프니 인제 고만 가자."

교봉이가 먼저 등을 보였다. 영규오빠가 5학년인 것을 알고 꽁무니를 뺀 것 같았다. 영규오빠 혼자였으면 물러서지 않았겠지만 선배들이 몰려 있으니 켕겼던 모양. 졸개들도 흘금거리며 교봉이를 따라갔다. 눌러 두었던 눈물이 비로소 흘러내렸다.

집에 갔더니 엄마가 놀란 눈으로 쳐다보셨다. 옷도 가방도 흙투성이인데다 얼굴도 눈물과 흙먼지로 얼룩져 있었으니. 자초지종을 말했다. 그러나 이야기를 다 들은 엄마는, 며칠 지나면 괜찮아질 거라며 옷과 가방을 말끔히 털어 주셨다. 내가 얼마나 무섭고 험한 지경에 있었는지는 생각하려 하지 않고 외삼촌들 성의만 내세우는 엄마가 원망스러웠다.

다음날 아침, 엄마는 또 어제의 차림으로 등교하라고 하셨다. 대꾸 없이 시키는 대로 했다. 학교 가는 길로 곧장 가지 않고 성례네 집으로 갔다. 성례네 집은 신작로 아래 개울가에 있었다. 아버지는 안 계시고 엄마 혼자 물레방앗간과 솜틀집을 하고 계셨는데 그날 처음 가 보았다. 성례네 식구는 노란 조밥에 된장찌개와 총각김치로 아침밥을 먹고 있었다. 성례는 깨작거리고 있었지만, 예닐곱 살 된 남동생은 밥알을 한 톨도 흘리지 않고 잘 먹고 있었다. 벽에는 군복차림의 여자가 비행기 앞에서 찍은 사진이 붙어 있었다.

"누구여유?"

궁금증을 참다못해 성례 엄마를 쳐다보며 물었다.

"우리 언니여. 안나영. 충주사범 나와서 선생님 했었는데, 지금은 서울서 영화배우 한다? 울 언니 이쁘지?"

말없이 식사만 하는 자기 엄마와는 달리 성례는 자랑스럽게 말했다.

"아줌마, 성례 안 입는 옷 좀 빌려 줘유. 책 쌀 보자기도유……."

머뭇거리며 사정을 말했다. 전날 일을 알고 있는 성례도 거들었다.

"이거라도 입을라? 쩍을 거 같은데."

성례 엄마가 벽에 걸려 있던 치마저고리 한 벌을 내려 주셨다. 성례도 입기 싫어한다는, 후줄근하고 품이 작은 옷이었다. 그래도 나는 활짝 웃으며 바로 갈아입었다. 솜이 드문드문 묻은 무명 보자기에 학용품도 싸서 허리에 둘렀다. 성례와 학교 가는 길이 홀가분했다. 남들이 어떻게 볼까 하는 생각은 전혀 하지 않았다.

교실로 들어섰다. 아이들이 또 쳐다보았다. 그러나 어제와는 사뭇 다른 분위기. 그렇게도 소란스럽던 녀석들이 힐끗 쳐다보고 저희끼리 수군거릴 뿐 관심을 보이지 않았다. 꼬투리 잡을 것이 없어서 그랬는지, 정말로 선생님한테 일러바칠까 겁이 났는지. 선생님도 내 옷차림이 좀 이상하다는 듯 쳐다보셨지만 모른 척했다. 그날부터 오전 오후, 하루 두 번씩 성례네 집을 드나들었다.

며칠 후 엄마가 물으셨다. 왜 옷과 가방에 솜이 묻어있느냐고. 주저하다가 사실대로 말했다. 엄마도 더는 강요하지 않으셨다. 외삼촌들의 선물은 그렇게도 나를 힘들게 했다.

# 꽃무덤

초여름, 엄마가 새 남동생을 낳았다. 산바라지는 옆집 할머니가 해 주셨다. 이웃 마을에서 출퇴근하는 머슴 아재 끼니며 새참 같은 일로 편히 쉴 수 없던 엄마는 출산 1주일 뒤부터 살림을 시작하셨다.

학교에서 돌아오니 갓난이 혼자 울고 있었다. 기저귀를 갈아주고 포대기 째 안고 일어섰다. 시원한 봉당으로 데리고 나가 엄마를 기다릴 참이었다. 안방 문지방과 댓돌 사이는 턱이 높았다. 그걸 넘다가 아기를 안은 채 털썩 주저앉았다. 그 바람에 아기가 다시 우는데 아장거리는 동생을 앞세운 엄마가 물동이를 이고 들어오셨다.

"에구머니나! 왜 발써 갓난이를 안고 나왔댜? 안즉 바람 쐬면 안 되여."

엄마가 작은 눈을 크게 뜨며 놀라셨다. 더워서 그런지 아기가 울어서 데리고 나왔다고 했다. 문지방을 넘다가 미끄러졌다는 말은 하지 않았다. 엄마는 아기를 받아 안고 찬찬히 살피셨다. 아기는 곧 울음을 그쳤고 별다른 이상은 없어 보였다.

며칠 후 아침. 잠에서 깨어보니 엄마와 갓난이가 보이지 않았다. 네 살배기 남동생은 곤히 잠들어 있었고 아기가 누웠던 자리가 유난히 휑했다. 봉당에 나가 앉아 있으려니 엄마가 고무신과 치맛자락에 붉은 흙을 잔뜩 묻혀 돌아오셨다. 새벽이슬에 젖은 듯 파마머리는 축축해 보였고 치마와 저고리도 후줄근해 보였다. 엄마는 무엇에 취한 듯 몸을 잘 가누지도 못했다. 얄쌍하던 눈매가 소복했다.

"엄마 어디 갔다 와? 애기는?"

심상치 않은 엄마 얼굴을 보니 불안했다. 까닭 모르게 가슴이 두근두근했다.

"……애기, 갔다."

"애기가 어딜 가?"

"삼신 할무니가 데려갔나벼……. "

"삼신 할무니가?"

"……우리 산에, 묻어 주구, 오는 중이여."

엄마가 더듬더듬 말씀하셨다. 무서웠다. 내가 아기한테 바깥바람을 쐬게 해서 그렇게 됐나보다며 울었다. 아기를 떨어뜨리거나 부딪치지는 않았지만 아무래도 그때 충격을 받아 그렇게 된 것만 같아 겁이 났다.

"울지 말어. 애기 명이 고것밖에 안 돼서 그런 걸 워쩌겠니."

내가 너무 불안해 보였는지 엄마는 내 잘못이 아니라고 하셨다. 우리 식구 안 되려고 그렇게 됐다고만 하셨다. 하지만 나는 아기가 땅속에 묻혔다는 사실과, 그렇게 된 것이 전적으로 내 잘못 때문이라는 생각으로 계속 가슴이 뛰었다.

한동안 엄마는 새벽마다 나갔다 오셨다. 아기를 묻고 온 그날처럼 머리카락은 축축했고, 옷자락과 고무신은 흙투성이가 돼 있었다. 엄마는 아기 잃은 슬픔 말고도, 빵빵하고 딴딴하게 커져 있는 젖을 양손으로 눌러 짜며 매우 고통스러워하셨다. 그런 엄마를 보며 나도 대책 없이 울었다.

토요일 해질녘에 아버지가 오셨다. 깔딱고개 10리와 들길 20여 리를 걷고도 한 시간쯤 버스를 타야 해서 자주 오실 수 없었다. 갓난이가 그렇게 된 것을 알고 매우 안타까워하셨다. 상심하고 있는 엄마 걱정은 더 많이 하셨다. 이튿날 아버지는, 엄마 말 잘 듣고 동생도 잘 봐줘야 한다고 당부하시고는 다시 매현으로 다시 가셨다.

꽃밭 한 귀퉁이를 팠다. 사방 두세 뼘, 깊이 두어 뼘 정도. 바닥을 고르게 하여 분홍색 분꽃, 빨간 접시꽃, 울타리의 하얀 찔레꽃, 자주색 달개비꽃, 이름을 알 수 없는 노란 꽃도 따서 바닥에 깔았다. 그리고는 주워 온 유리로 덮은 다음 부드러운 흙을 수북하게 덮어 다독거렸다. 가장자리에는 찔레꽃도 꽂았다.

엄마는 시시로 일손을 놓고 먼 하늘을 바라보셨다. 그런 엄마 곁에서 어린 동생은 자주 칭얼댔다. 그때마다 동생의 손을 잡고 꽃무덤으로 갔다. 수북한 흙을 걷어 내리면 알록달록한 꽃들이 유리 밑에서 웃고 있었다. 동생은 초롱초롱 빛나는 눈으로, 나는 울먹한 마음으로 들여다보았다. 보름도 채 못 살고 가버린 아기가 생각나면 혼자서도 시시로 흙을 파헤쳤다.

엄마는 동생과 내가 꽃밭에 앉아 무얼 하는지 알고 계셨을까. 송이만 똑똑 따서 묻은 예닐곱 개의 꽃송이들. 하루하루 형체가 달라지더니 어느 날 흔적이 보이지 않았다. 산에 묻힌 아기도 그렇게 물이 되어 사라졌을 것이다.

# 시퍼런 달빛 아래

보름달이 둥실한 밤. 엄마가 굿판을 벌이셨다. 굿은 미신이라고 배웠기에 옳다고는 생각하지 않았다. 그러나 아기 영혼을 위로해 주려는 엄마 마음을 알 것도 같았고, 나도 남 모르게 책임이 느껴져 참견하지 않았다. 마음으로는 엄마 못잖게 동참했다.

만신은 동네에 사는 할머니였다. 아직 해가 몇 발이나 남았는데 커다란 보따리를 이고 들고 오더니 안방 아랫목에 앉아 짐을 풀었다. 엄마는 마당 한쪽에 화덕을 걸어 놓고 계면떡을 찌느라 분주했고, 나는 동생을 데리고 만신 할머니의 하는 양을 구경했다. 짚으로 제웅(除雄)도 만들고, 창호지로 고깔과 꽃도 만들고, 정갈하게 다듬은 막대기에 가닥가닥 오린 창호지를 묶어 '신장대' 만드는 것도 신기하게 쳐다봤다.

해가 지자 방에는 등잔불 대신 촛불이 켜지고 마당에는 남포등이 걸렸다. 동네 아줌마들이 하나둘 줄을 이어 들어왔다. 안방을 가득 채우고도 활짝 열어놓은 앞뒤 방문 앞에 서거나 앉았다. 만신 할머니가 밖에 있는 엄마한테 큰소리로 말했다. 굿이 끝난 뒤 찾을 테니 부엌칼 하나를 묻어 놓고 어서 들어오라고.

엄마가 떡시루를 안고 들어오셨다. 잠든 동생은 윗방으로 옮겼다. 만신 할머니가 징을 울리며 경을 외기 시작했다. 높고 낮게 크고 작게 둥당거리는 소리. 밤이 깊어갈수록 주변을 떠돌던 온갖 잡귀들이 기웃대며 모여드는 것 같았다. 굿은 한참 동안 계속되었다. 방안이 더웠는지, 구경꾼들의 시선 때문이었는지 만신 할머니 이마에 땀방울이 맺혔다. 그런데도 나는 뭔지 모르게 으스스했다.

만신 할머니가 신장대를 흔들며 엄마에게 뭐라고 했다. 낮은 목소리였지만 분명 나무라는 투였다. 아까부터 만신 할머니 앞에 무릎 꿇고 있던 엄마가 울면서 굽실거렸다. 기왕에 데려갔으면 저승에서라도 잘 보살펴 주십소사 삼신할머니한테 비는 것인지, 엄마나 누나가 잘못한 것 있으면 다 용서하라는 뜻이었는지. 나도 마음속으로 아기 영혼한테 빌었다.

굿은 밤이 이슥해서야 끝났다. 만신할머니가 떡시루에 칼을 꽂더니 반으로 나누었다. 엄마가 구경꾼들 앞에 나눠 놓으셨다. 만신할머니가 신장대를 들고 주문을 외며 봉당으로 내려섰다. 엄마가 숨겨 놓은 칼을 찾아내기 위해서였다. 구경꾼들도 떡을 한 덩이씩 들고 따라나섰다. 앞산을 넘어온 보름달이 마당 위에서 내려다보고 있었다.

"동토골댁이 묻어 논 칼을 만신네가 참말로 찾을 수 있을까?"

웅성웅성 시시덕거렸다. 나도 궁금했다. 그 소리를 들었는지 만신 할머니가 빽, 소리를 질렀다.

"시끄럿! 다들 가. 부정 타면 오늘 굿 말짱 헛것이여."

모두 주춤주춤 사립문 밖으로 나갔다. 엄마와 나만 만신 할머니 옆을 따랐다. 엄마 손에는 호미가, 내 손에는 남포등이 들렸다. 등불이 없어도 좋을 달밤이었지만 엄마가 시키는 대로 했다.

엄마는 신장대가 꽂히는 곳마다 맥없이 팠다. 서너 번을 더 그렇게 하던 엄마가 만신 할머니를 쳐다보았다. 칼이 묻힌 곳은 엄마가 더 잘 알 터, 엄마도 만신 할머니도 고단해 보였다. 엄마 눈길이 만신 할머니와 헛간 쪽을 빠르게 오갔다. 그걸 만신 할머니가 놓치지 않았다. 신장대가 헛간, 재를 수북하게 모아 놓은 곳에 꽂혔고 엄마는 금방 칼을 찾았다.

만신 할머니가 반 시루의 떡과 이것저것을 챙겨 돌아갔다. 삽짝을 닫으며 엄마가 조용히 그러나 엄숙하게 말씀했다.

"칼, 만신할무니가 찾은 거여. 쓸데읎는 소리 하고 다니지 말어."

칼날처럼 시퍼런 달빛이 섬뜩했다.

# 선생님의 엉덩이

짝꿍과 변소에 갔다. '직원용'과 '학생용'이 같은 건물 안에 있을 때였다. 변소 안에는 우리만 있었는지 조용했다. 꽤 급했던 듯, 친구는 금방 어느 칸으로 들어갔는데 나는 여기 저기 문만 여닫고 있었다. 어디를 열어 봐도 더러워서 들어갈 마음이 나지 않았다.

"난 선생님 변소로 갈랴. 거기는 깨끗할 거 같어."

친구 들으라고 크게 말했다. 그러자 볼일을 보던 친구는 혼난다며 그러지 말라고 소리쳤다. 하지만 내 손은 이미 '직원용'에 닿아 있었다. 노크도 하지 않고 손잡이를 당겼다. 열리는가 싶었는데 그 상태에서 머물렀다. '고장 났나, 왜 이리 빽빽하지?' 그러면서 두 손으로 힘껏 당겼다. 가까스로 문이 열렸다. 그러나 다음 순간, 혼비백산하여 열었던 문을 도로 닫을 수밖에 없었다.

조금 전에 더럽다고 열어보기만 하던 한 곳으로 황급히 들어갔다. 안으로 잠그고 구석에 서 있는데 심장이 벌떡거려 쓰러질 것만 같았다. 공기창으로 내다보이는 파란 하늘과 녹음 짙은 산과 들. 내 심장의 박동과는 아무 상관없이 평화로웠다. 두 손으로 간신히 연 직원용 변소 안에는 담임선생님이 왕방울 같은 눈을 부릅뜨고 계셨다. 늙은 호박 같은 커다란 엉덩이를 드러내시고.

시간이 얼마나 지났던가. 갑자기 오물 냄새가 진동했다. 어지럽도록 구역질이 나서 더는 있을 수가 없었다. 소리도, 시간이 흐르는 것도, 냄새가 나는 것도 느끼지 못하다가 한순간에 모두 인식되었다. 밖으로 나갔다. 이미 시작종을 친 듯 사방이 조용했다. 교실 뒷문으로 살짝 들어갔더니 선생님은 판서 중이셨고 아이들은 베껴 쓰느라 여념이 없었다.

"왜 이렇게 오래 있었니? 암만 불러도 대답이 없어서 먼저 나온 줄 알았다 얘."

짝꿍이 소곤거렸다. '나를 불렀다고? 난 아무 소리도 못 들었는데.' 너무 놀란 나머지 청각도 후각도 잠시 기능을 멈췄던 모양이다. 그나저나 선생님을 뵐 수가 없었다. 용서를 빌어야한다는 것은 생각뿐, 꾸중 들을 일이 두려웠다. 그러나 선생님은 그 일에 대해 한 말씀도 하지 않으셨다. 며칠 후부터 여름방학이 시작되었다. 선생님과 날마다 마주치지 않게 된 것만을 다행으로 여겼다.

개학했을 때는 갓 제대한 이종천 선생님이 새 담임으로 오셨다. 엄 선생님은 몸이 아파 잠시 쉬기로 하셨다고 했다. 엄 선생님이 나쁜 병을 앓다가 돌아가셨다는 소식을 들은 것은 몇 년 뒤였다. 억지로 연 변소 안에 '이놈!' 하는 표정으로 앉아 계시던 선생님 모습이 아직도 잊히지 않는다.

# 낚시

아버지는 틈이 날 때마다 마을 앞 저수지로 낚시를 가셨다. 학생 때부터 즐기던 취미라고 하셨다. 고기잡이배들이 물살을 일으키거나 주변이 소란스러우면 잡히지 않는다고 밤이나 새벽 낚시를 즐기셨다. 그날은 밤중에 가서 해가 뜨도록 오지 않으셔서 엄마가 싸 준 도시락을 가지고 찾아갔다. 아버지는 숲이 우거진 언덕 밑에 계셨다.

"아부지, 많이 잡았어유?"

장대낚시와 방울낚시를 드리운 채 수면을 지켜보시는 아버지를 발견하자 반가워서 소리를 질렀다.

"쉿! 고기들 도망간다."

아버지가 검지를 입술에 대셨다.

"아침 잡수세유."

도시락 보퉁이를 놓으며 속삭였다.

"가려던 참이었는데…. 애비 밥 먹는 동안 잘 봐라. 장대낚시는 찌가 물속으로 쏘옥 들어가면 고기가 문 것이고, 방울낚시는 딸랑딸랑 소리가 날 거여. 신호가 오면 얼른 땡겨야 한다. 까딱하다가는 미끼만 따먹고 도망가는 수가 있으니."

아버지께서 도시락을 드시는 동안 나는 국방색 접이 의자에 앉아 찌를 지켜보았다. 등 뒤에서 시원한 바람이 불어왔다. 깻묵과 진흙을 섞어 뭉쳐 놓은 떡밥도 만져보고, 양철통 뚜껑을 열어 꼬물거리는 빨간 지렁이들도 보았다. 물풀 사이에 담가 놓은 그물 망태기에는 꽤 많은 붕어들이 암갈색 등줄기를 흔들고 있었는데 큰 놈은 내 손바닥만 했다. 눈은 장대낚시의 찌를 보고, 귀는 방울낚시를 향해 열어 놓았다. 딸랑딸랑.

"아부지, 소리 났어유."

고개를 돌려 낮게 외쳤다.

"살살 땡겨 봐."

"놓치면 어떡해유?"

"괜찮으니까 해 봐."

나일론 줄을 조심스레 당겼다. 손끝에 무게가 느껴졌다. 아버지께서 말씀하시던 손맛이 이런 것인가 싶었다.

"아부지, 빨리 와유. 무거워유."

엄살을 섞었다. 아버지가 곁에 와 줄을 당기셨다. 노란 아침

햇살을 받으며 수면 위로 끌려 나오는 붕어는 아버지 손바닥만큼 컸다. 아버지는 왼손으로는 붕어의 몸통을 움켜쥐고 오른손으로는 뾰족한 입 속에서 갈고리 낚싯바늘을 떼어 내셨다. 온 힘을 다해 버둥거리던 놈은 이내 수초 사이의 그물 망태기에 넣어졌다.

"어이구, 정근이가 월척했네."

아버지께서 추켜세우셨다. 뭐라도 해낸 듯 기분이 좋았다. 엄마가 방앗간에서 깻묵을 사 오셨고, 아버지가 그것을 부수어 떡밥을 만들어 물속에 던지셨고, 붕어는 그것을 먹겠다고 물었고, 나는 낚싯줄 몇 발 당겼을 뿐이었는데. 아버지는 떡밥 하나를 다시 줄에 달아 오른팔을 빙빙 돌려 멀리 던지셨다. 그때 장대낚시의 빨간색과 연두색의 찌도 비틀거렸다.

아버지는 장대낚시 미끼로는 빨갛고 가느다란 지렁이가 제일 좋다고 하셨다. 굵고 희끄무레한 놈은 맛이 없어서 고기들이 물지 않는다는 것이었다. 언젠가 아버지의 낚시 도구 중 어떤 통을 열었다가 지렁이가 바글거리는 것을 보고 얼마나 놀랐던지. 그것들을 아무렇지 않게 매만져 낚싯바늘에 꿰는 아버지가 무척 낯설었다.

엄마도 지렁이 때문에 기함한 적이 있다. 아버지가 빈 도시락에 지렁이를 잡아넣고는 깜빡 잊은 채 엄마한테 주셨는데, 엄마가 무심코 뚜껑을 열어 설거지통에 넣었다가 기절초풍하신 것이었다. 그런 일이 있은 뒤부터 아버지는 절대로 도시락에 지렁이를 잡아넣지 않으셨다.

강이나 호수 또는 저수지로 낚시 가시는 아버지를 여러 번 따라다녔다. 그러나 한참 떨어진 아래쪽에서 올갱이(민물다슬기)를 잡든지 멱을 감으며 놀 뿐, 낚시를 해 본 것은 그날이 처음이요 마지막이었다.

# 마흔여덟 장의 재미

가을에 삼촌이 제대하셨다. 7년 만기 제대라고 했다. 바로 혼인 말이 오고 가더니 취직도 하기 전인 겨울에 식을 올리셨다. 숙모 되시는 이는 중원군 가금면 하구암리에 사는 평강 채 씨댁 규수였다. 삼촌이 장가들면서 할머니와 엄마가 자리를 바꾸셨다. 엄마마저 매현으로 떠나시자 나는 고아 아닌 고아가 되어 쓸쓸했다. 숙모는 저녁 설거지를 마치고 들어가면 아침이나 되어야 나오셨고, 방을 같이 쓰는 할머니도 마실가시고 나면 나도 친구네 집으로 놀러갔다.

화투를 배운 것은 그해 겨울이었다. 옹례와 문영이는 어느새 선수가 다 돼 있었다. 화투라는 것을 처음 본 나는 짝도 맞출 줄 몰라 멍청이 소리깨나 들었다. 문영이는 식구 수대로 화투가 있다고 자랑하고, 옹례는 아버지 것을 몰래 가져다 연습한다고 했다. 우리 집에도 숙부님 것은 있었지만 감히 빌려달라거나 훔쳐서 놀 엄두는 내지 못했다. 어느 날 숙부님이 새것을 사면서 버린 것이 있기에 몰래 주워왔다. 짝이 없는 것은 서툴게나마 그려서 채웠다. 짝을 맞출 줄 알게 되고 점수 계산도 할 줄 알자 친구들이 끼워 주었다. 꼴등이 일등한테 색실 한 꼭지를 주기로 했는데 내 색실은 대부분 문영이나 옹례가 가져갔다.

그 무렵 여주와 속초에서 대고모할머니들이 오셨다. 환갑 무렵의 여주 할머니는 귀가 절벽이셨지만, 마흔여덟 살의 속초 할머니는 건강하셨다. 속초 할머니는 주무시다가도, 화투 치실래유? 하고 귀에 대고 속삭이면 금방 일어나셨다. 마흔여덟 장의 화투놀이는 여간 재미있지 않았다. 속초 할머니한테 오관 떼는 것, 그날 재수 보는 것, 일 년 재수 보는 것도 배웠다. 할머니들이 가신 뒤에도 학교에서 돌아와 아무도 없으면 숙제는 하는 둥 마는 둥, 화투만 가지고 놀았다.

"요새 밤마다 화투 치는 놈들 있다며? 한 번만 더 그런 얘기가 선생님 귀에 들려만 봐라. 단체기합 받을 테니!"

어느 날 담임선생님의 경고였다. '우리한테 하시는 말씀일까? 누가 일러바쳤을까?' 겁을 잔뜩 먹은 우리는 다시는 화투치지 말자고 약속했다. 마실다니는 횟수도 줄었다. 어쩌다 마실을 가도 화투는 치지 않았다. 딱히 놀 거리가 없어지자 새봄에 시집가려고 수만 놓고 있는 숙자언니한테 놀러갔다. 엄마한테서는 뜨개질과 바느질하는 모습만 보았기에 숙자언니의 수놓는 모습이 신기하기만 했다. 흐린 등잔불 아래서 어쩌면 그렇게도 화려한 함박꽃을 순식간에 피워내고 벌과 나비를 불러 모으던지.

국민학교를 졸업하고 집안일을 돌보는 열대엿 살짜리 언니들한테서는 유행가를 배웠다. 언니들은 우리 손바닥보다도 작은 유행가 책을 주머니에 넣고 있다가 심심하면 펴놓고 흥얼거렸다. 그림도 있고 악보도 있었다. 연분홍 치마가 봄바람에, 별들이 소곤대는 홍콩의 밤거리, 앵두나무 우물가에 동네 처녀 바람났네, 오동추야 달이 밝아 오동동이냐, 아들 낳으면 육군 대장 딸 낳으면 연애 대장 하는 노래들이 있었다.

# 귀신놀이

그날도 어두워지자 할머니는 마실가시고, 숙부와 숙모는 방에서 기척도 내지 않으셨다. 나도 친구들과 약속한 대로 할머니의 흰 치마저고리와 버선을 보자기에 싸서 문영이네 집으로 갔다. 옹례는 벌써 와 있었고, 춘영이는 어른들 몰래 '다리'를 빌려왔다. 다리는 혼례식 때 새색시 쪽머리를 풍성하게 만들어주는 생머리 가발이었다.

친구들은 내가 귀신을 해야 한다고 했다. 옷과 버선이 우리 할머니 것이기 때문이라는 게 이유였다. 무서워서 싫다고 했더니, 보는 저희들이 무섭지 본인이 무서울 게 뭐 있느냐는 것이었다. 실랑이를 하다가 결국 내가 귀신 역할을 맡았다. 친구들이 입혀주고 씌워주는 대로 분장했다. 뒤통수에 붙여야 할 다리를 정수리에서 턱밑으로 늘어뜨리고, 버선은 발이 아닌 손에 꼈다. 옹례가 시키는 대로 버선 낀 양팔을 머리 위로 올리고 앞뒤로 움직여도 보았다.

"참말로 무섭다. 꺼꾸로 걸어댕기는 거 같어."

문영이가 호들갑을 떨었다. 내 모습이 궁금해서 거울을 보려 했지만 모두 말렸다. 그런 차림으로 숙자언니네 집으로 몰려갔다. 동네 사람들이 끼리끼리 몰려 있을 시간이므로 고샅에서 누굴 만날 염려는 없었다.

"우리가 방문을 열어줄 테니께 너는 손을 머리 위로 올리고 들어가. 숙자언니가 쳐다보면 손을 앞뒤로 움직이다가 얼른 불 끄고 나와야 햐."

옹례가 미심쩍은 듯 거듭 당부했다. 발소리를 죽여 깜깜한 길을 뭉쳐 걸었다. 역시, 언니 방 앞에는 언니의 고무신만 얌전하게 놓여 있었다.

"언니, 들어가도 돼유?"

문영이가 코를 움켜쥐고 말했다.

"누구여? 들어와."

편안한 목소리로 숙자언니가 대꾸했다. 옹례가 방문을 열어 주었다. 친구들은 옹례 뒤로 숨고 나만 문지방을 넘어갔다. 거기까지는 순조로웠다. 그런데 문지방을 넘자마자 내가 비명을 지르며 우는 바람에 산통이 깨지고 말았다. 맞은편 벽에 걸린 거울에서 발이 머리 위에 달린 귀신을 보았기 때문이다. 미리 거울을 보아

두었더라면 그렇게 놀라지는 않았을 터인데 얼뜬 탓에 제풀에 놀란 것이었다. 풀썩 주저앉는 바람에 등잔불은 저절로 꺼졌다.

"아부지야! 너, 너, 누구여?"

숙자언니가 울부짖었다. 무엇이 보였나 싶었는데, 금방 불이 꺼지고 갑자기 우는 소리가 나자 언니도 놀란 모양이었다.

"……정근이여유."

언니가 성냥을 찾느라 부스럭거렸다. 잠시 후 방안이 밝아졌고 그 사이에 밖에 있던 친구들도 모두 들어와 있었다.

"이런 빙신. 지가 먼저 놀래면 워떡햐?"

"애를 시키는 게 아녔어."

친구들이 면박을 주었다. 숙자언니는 놀란 듯 화난 듯 어이없다는 듯, 눈물이 그렁그렁한 채 웃었다.

그날 밤 귀신놀이는 완전 실패였다. 집으로 돌아올 때, 으르릉 쩌르릉 저수지가 울었다. 저수지 얼어붙는 소리가 들어본 적도 없는 귀신 울음으로 들렸다.

# 3.

# 그날 밤의 통곡

# 쓸쓸한 설

고향에서 맞는 첫 설이었다. 며칠 호되게 춥더니 전날부터 푹해졌다. 빨강 치마와 노랑 저고리로 갈아입었다. 할머니가 동정을 새로 달아주셔서 진솔 같았지만, 2학년 올라갈 때 엄마가 만들어준 옷이었다. 치맛단과 소매 끝이 껑충했다.

차례 음식은 없었다. 매현에서 아버지가 지내실 것이기 때문이었다. 할머니와 숙부가 날떡국을 좋아하신다고 가래떡도 하지 않았다. 그래도 손바람 좋은 숙모가 감주와 갱엿과 콩엿은 만들어 놓으셨다.

날떡국으로 아침을 먹으려는데 뒷집 대수오빠네 아줌마가 떡국을 가져오셨다. 커보이게 하려고 그랬는지 귀퉁이를 덜 아물려 주먹만 해진 만두도 몇 개 있었다. 아줌마는 맛이나 보라며 놓고 가셨지만 어른들은 손대지 않았다. 입천장에 닿는 듯한 날

떡국보다 가래 떡국을 더 좋아하던 나만 먹었다.

그 며칠 전, 친구네 물레방앗간에 놀러갔었다. 엄마와 친했던 대수오빠네 아줌마가 가래떡을 하러 와 계셨다. 뜨거운 고두밥을 동그란 확에 퍼 넣고 방망이로 찧으면 가래떡이 두 줄로 빠져나와 찬물 자배기로 들어갔다. 밥알이 덜 찧어져 가래떡이 울퉁불퉁했다. 그것을 아줌마는 적당한 길이로 잘라 커다란 양푼에 담았다. 처음 보는 광경이어서 재미있게 구경했다. 아줌마는 내가 먹고 싶어서 쳐다보는 줄 알았는지 측은해하셨다.

"작은엄마가 가래떡 했니?"

"몰러유."

"안 한 모냥이구나……. 설인데 엄마가 읎어서 섭섭하지? 먹어봐라."

그러면서 찬물에 담갔다 뺀 떡을 반쯤 끊어 주셨다. 아줌마네 식구들이 맛도 보기 전이어서 미안한 마음이 들었다. 그걸 들고 집으로 갔다. 삽짝을 열자마자 숫돌에 칼을 갈던 숙부와 눈이 마주쳤다.

"저년 저……. 다 큰 지지배가 길바닥에서 뭘 먹고 다녀? 그지 새끼냐?"

"먹진 않았어유. 대수오빠네 아줌마가 줬어유."

아버지는 한 번도 '지지배'라거나 '년'이라고 하신 적이 없었다. 나무랄 일이 있어도 '이 놈!' 혹은 '이녀석이?' 하셨다. 그런데 숙부는 툭하면 욕을 하셨다. 욕으로 생각 않고 하셨는지 몰라도 듣는 나는 '내가 군식구여서 저러실까?' 하는 생각에 기분이 나빴다.

어른들한테 세배를 하고 옹례네 집으로 갔다. 옹례도 곱게 손질한 한복에 새 나일론 양말을 신고 있었다. 옹례 부모님께 세배를 하려고 했더니 절은 그만두라며 다식과 곶감과 알록달록한 사탕을 주셨다. 우리 집보다 가난해 보였지만 부모님과 함께 사는 옹례가 부러웠다. 갓 시집온 새언니가 아가씨 아가씨 하고 불러 주는 것도 좋아 보였다.

"우리 널뛰러 가자. 복순언니네 바깥마당에 애들 다 모였을 거여."

남복순은 5학년이었다. 가끔 보기는 했지만 말을 나눠 본 적은 없었다. 남복순은 암팡진 몸집에 목소리가 컸고, 광대뼈 솟은 얼굴에 눈초리가 사나워 보였다.

남복순네 바깥마당은 시끌벅적했다. 남복순이 어떤 아이와 널을 뛰고 있었다. 널이 그 집에만 있었는지 동네 여자 아이들이 다 모인 듯했다. 남복순과 상대방 아이는 손발이 척척 맞았다. 공중으로 솟구칠 때는 양팔을 활짝 벌렸다가 널빤지로 내려올 때는 손바닥을 허벅지에 '철썩' 소리가 나게 붙이며 발을 힘껏 굴렀다. 널을 한 번도 뛰어본 적이 없던 나는 신기한 듯 쳐다볼 뿐이었다. 뛰는 사람도 재미있겠지만 보는 나도 흥미로웠다. 그들이 내려오고 다른 아이들이 올라갔다. 순서가 정해진 모양이었다.

"넌 뛰지 마. 우리 거여. 얘들아, 나 뒷간 갔다 올 테니 뛰고 있어."

남복순이 나를 째려보고 안채로 갔다. 널을 뛰겠다고 한 것도 아닌데 괜히 그런다 싶었다.

"정근아, 빨리 와. 복순언니 없을 때 한 번 뛰어 봐."

널을 뛰던 아이들이 내려오며 말했다.

"싫어. 무서워. 한 번도 안 뛰어봤어. 그리고 복순언니가 뛰지 말랬잖어."

도리질을 했다.

"괜찮어. 문영이랑 내가 손잡아 줄게. 언니 오기 전에 빨리!"

옹례가 서둘렀다. 용기를 얻어 널빤지 위로 올라섰다. 두 친구가 양쪽에서 손을 잡아주었다. 사실 뛰어 보고는 싶었다. 그러나 넘어질 것도 같았고 남복순한테 욕먹기 싫었다. 맞은편에도 어떤 아이가 올라갔다. 하지만 내가 박자를 잘 맞추지 못해 쿵더덕쿵더덕 이상한 소리만 났다. 내려오려고 했더니 조금 더 뛰어보라고들 했다. 그때 남복순이 달려왔다.

"저리 비켜!"

널 위에 엉거주춤 서 있던 나를 남복순이 냅다 떠밀었다. 나가떨어지며 언 땅에 손바닥이 긁혔다. 발에 걸려 치맛단도 뜯어졌다. 아이들이 모여들었다. 내가 얼른 일어나지 못하자 문영이와 옹례가 손잡아 일으켜 주었다. 눈물이 나려는 것을 억지로 참으며 남복순 앞에 섰다. 나도 모르게 미간이 모아졌을 것이다.

"왜 밀어? 말로 하지!"

그런 내가 건방지고 가소로웠을까.

"이년이 워디서 대들어?"

남복순이 다짜고짜 내 뺨을 후려쳤다. 후끈했다. 당당하고도 앙칼스러운 기세였다.

"어? 피난다!"

아이들 말에 뺨을 만져보니 선혈이 묻어났다. 남복순의 손톱에 할퀴어진 것이다.

"내가 뛰지 말랬지? 뛸 줄도 모르는 게."

남복순이 변명이라도 하듯 소리 질렀다. 나도 손을 치켜들었다. 친구들이 나를 저만치 끌고 갔다. 말리지 않았더라면 되로 주고 말로 받는 수모를 겪었을 것이다. 창피하기도 하고 속도 상해 그 길로 집으로 갔다.

"옷 꼬라지가 그게 뭐냐? 볼때기는 왜 그려?"

흙 묻은 옷, 찌무룩한 얼굴로 들어서는 내게 숙부가 호통 치셨다.

"저런, 누구랑 싸웠어?"

숙모도 부엌에서 나오며 걱정스레 물으셨다. 할머니도 내다보셨다.

"널뛰다가 넘어졌어유."

"손톱자국인데? 누가 그랬어?"

"지지배가 정월 초하룻날부터 쌈질이나 하고 다니고, 잘한다 잘해."

걱정하는 숙모, 탓하는 숙부를 뒤로 하고 방으로 들어갔다. 거울을 보니 왼쪽 뺨에 아직도 피가 흐르고 있었다. 생채기가 꽤 길었다.

"손톱자국은 오래갈 텐데 흉 지면 어쩌누? 약도 읎고."

할머니가 명주 수건에 물을 묻혀 살살 닦아주며 누가 그랬느냐고 하셨다. 누구라고 말해도 소용없는 일이지만, '남복순'이라는 이름을 입에 올리기조차 싫어서 잠자코 있었다. 쓸쓸하고 기분 나쁜 설이었다.

# 달구지를 타다가

4학년이 되었다. 땡볕 쏟아지는 토요일, 친구들과 하교 중이었다. 동네 아저씨가 모는 달구지가 물레방앗간에서 신작로로 올라오고 있었다. 방아 찧을 벼를 부려놓고 가는 중이어서 짐칸이 텅 비어 있었다. 아이들이 태워 달라고 하니 아저씨가 선선히 허락하셨다. 달구지를 한 번도 타 본 적 없던 나는 망설였다. 그러나 호사스럽기는 해도 무섭지는 않다고들 해서 기어 올라갔다.

하얗게 바랜 신작로. 동막산과 신덕저수지에서 부는 맞바람에 머리카락이 나부꼈다. 달구지 바퀴에 자갈이 튈 때마다 덜커덩 덜커덩 삐그덕삐그덕. 험할 것도 없는 길이지만 엉덩이가 들썩거려질 때마다 우리는 발을 구르며 비명 같은 웃음을 터뜨렸다. 여울물 소리 같은 계집애들 웃음에 아저씨도 즐거운 듯 자주 돌아보셨다. 분뇨가 시커멓게 말라붙은 덕석 같은 엉덩이를 실룩

거리는 소도 기분이 좋아보였다. 줄지어 반짝이는 미루나무 잎사귀와 말매미의 목청도 초록빛 세상을 더욱 싱그럽게 했다. 더구나 그날은 아버지가 오시는 날이어서 노래가 절로 나왔다.

산 위에서 부는 바람 시원한 바람
그 바람은 좋은 바람 고마운 바람
여름에 나무꾼이 나무를 할 때
이마에 맺힌 땀을 씻어 준대요

내가 선창하자 친구들도 함께 불렀다. 어느새 마을 앞에 이르렀다. 마을로 들어가려면 비스듬한 가풀막을 올라가야 했다. 끄응, 소가 한숨을 토했다. 달구지에서 떨어지지 않으려고 다들 난간을 움켜쥐었다. 한고비를 넘기고 나자 다시 비탈길, 내리겠다고 했다. 우리 집은 초입에 있어서 더 타고 갈 필요도 없었다. 그러나 아저씨는 비탈진 곳에서 어떻게 세우느냐며 조금 더 가서 내리라고 하셨다. 그러다 보니 우물 근처까지 올라갔다. 거기는 바위까지 박혀 있어서 길이 더욱 험했다. 소가 힘들다는 듯 몸서리를 치자 달구지가 기우뚱하며 우리를 전부 쏟아 버렸다.

바퀴 옆에 내동댕이쳐진 아이, 달구지 바닥 밑으로 굴러간 아이, 길가 도랑에 빠진 아이도 있었다. 크게 다치지는 않았지만 모두 여기저기 부딪치고 긁혔다. 나는 떨어지면서 돌에 부딪쳤는지 오른쪽 귀 뒤의 볼록한 곳이 말랑말랑하게 부어올랐다. 고

삐를 쥐고 있던 아저씨만 멀쩡했다. 머리와 옷을 털고 집으로 가는데 아프니까 얼굴이 자꾸 찡그려졌다. 억지로 참으며 마당으로 들어섰다. 숙부님이 이발 도구를 챙겨 갖고 나오셨다. 내 머리를 깎아주기 위해 아버지가 가져다 놓으신 것이었다.

“아버지 오시기 전에 얼른 머리 깎자.”

숙부님은 나를 아버지한테 단정하게 보이고 싶으셨나 보다. 엄마한테도 맡기지 않던 내 머리였다. 아버지도 내 머리에 다른 사람이 손대는 것을 좋아하지 않으셨다. 이식에 살 때, 아버지 출장 중 엄마가 깎아 주신 적이 한 번 있었다. 싫다고 했는데도, 아버지도 깎는 머리를 엄마가 못 깎겠느냐며 굳이 가위를 잡으셨다. 그러나 그게 쉬운 일이 아니었던가 보다. 아버지는 엄마한테, 다시는 애 머리에 손대지 말라며 화를 내셨다. 머리 모양에 따라 인물이 달라진다는 걸 그때 알았다.

얼마 전 숙모도 내 머리를 깎고 싶어 하셨다. 나를 위한 것이었는지, 나를 모델로 연습을 하고 싶었는지는 모르지만 싫다고 했다. 그런데 숙부한테는 거부 의사를 단호하게 밝히지 못했다. 아버지보다 머리를 예쁘게 깎을 수 있다고 해도 숙부한테는 맡기고 싶지 않았다. 더구나 다친 곳에 가위가 닿아 아프고 짜증났다. 신경이 온통 그곳으로만 쏠려 살짝만 스쳐도 움찔했다. 입술을 깨물며 억지로 참다가 나중에는 소리 내어 울고 말았다. 아버지였다면 ‘아부지, 나 여기 아프니께 살살 해 줘유.’ 했으련만. 숙부가 가위질을 멈추고 왜 그러느냐 하셨다. 사실대로 말했다.

“하이고! 혹이 났구먼. 지지배가 달구지는 왜 타? 조신하지 못하게스리.”

머리카락을 헤집어 보던 숙부님이 그러셨다. 그러면서도 조금도 조심하거나 배려하지 않으셨다. 친절하거나 자상하지 않은 것도 서운했지만 말끝마다 지지배니 이 년 저 년 해서 숙부가 싫었다. 달구지를 타고 노래를 부르던 때와는 달리 소똥 밟은 기분이었다.

그날 숙부는 내 머리를 뚝배기 엎어 놓은 것처럼 깎아 놓았다. 뒷머리는 한 뼘쯤 올려 깎고, 앞머리는 눈썹 위 5cm쯤 올라가게 잘랐다. 거울을 본 나는 이 참 저 참 속이 상해서 소리까지 내어 울었고, 숙모는 배를 움켜쥐며 웃었고, 할머니는 혀를 차셨다. 별것 아니라고 생각했는데 생각보다 어려웠는지 숙부는 머쓱한 표정을 지으며 방으로 들어가셨다. 해질 무렵 도착하신 아버지는 미간만 찌푸릴 뿐 아무 말도 하지 않으셨다.

# 그날 밤의 통곡

그해 겨울밤에 대성통곡하는 일이 생겼다. 아버지 때문이었다. 반갑고, 서럽고, 기쁘고, 원망하는 감정이 한꺼번에 폭발했다.

아버지는 두 주일에 한 번씩은 오마고 약속하셨다. 그런데 무슨 사정이 있었는지 그 즈음엔 한 달이 넘도록 오지 않으셨다. 나는 날마다 어깨를 늘어뜨리고 풀이 죽어 지냈다. 5주째 되던 토요일 아침, 밥상머리에서 할머니가 말씀하셨다.

"오늘 반굉일이라고 또 애비 마중 나갈 거여? 핵교만 댕겨오고 언덕거리는 가지말어. 고뿔들어가지고 자꾸 찬바람 쐬면 안 나아. 애비, 올 때 되면 어련히 오겠냐."

그러자 숙부도 한소리 하셨다.

"지지배가 워낙 고집이 쎄서… 오늘도 언덕거리 나갔다만 봐

라. 다리몽댕일 분질러 놀 테니."

할머니와는 다르게 느껴지는 말투였다. 말대답 한다고 야단맞을 것 같아 잠자코 있었다. 가뜩이나 목이 부어서 음식 삼키기 힘들었는데 고개를 숙이고 밥을 먹으려니 목젖 밑이 더욱 치받쳤다.

학교에서 돌아오니 할머니가 흰죽을 쒀 놨다 주셨다. 먹고 따뜻한 아랫목에서 한숨 자고 났더니 좀 나은 듯했다. 아무도 보이지 않기에 솜바지를 입고, 명주 수건을 목에 두르고, 아버지

옷을 줄여 만든 오버도 입고 1, 2분 거리에 있는 언덕으로 올라갔다. 바람이 드세게 불어 나뭇가지가 마구 흔들렸다.

추수 끝난 밭에 흩날리는 지스러기들을 보며 생각했다. '나는 아버지도 엄마도 형제들도 다 있는데 왜 혼자 있나.' 하고. 할머니가 계셔서 의지가 되기는 했지만 쓸쓸함을 지울 수 없었다. 굴뚝마다 연기가 올라오고 서산에 걸려 있던 해도 숨 가쁘게 넘어갔다. 내 이름 부르는 소리가 들려 돌아보니 할머니가 사립문 밖에 나와 서서 손짓까지 하며 "어여 들어와 저녁 먹거라." 하셨다. 공연히 심통이 나서 할머니 눈에 띄지 않을 곳으로 피했다.

할머니도 포기한 듯 들어가셨다. 또 열이 오르는지 온몸이 오슬오슬했다. 다리가 아프면 섰다 앉았다를 반복하고, 발이 시리면 제자리 뛰기를 하거나 어정거렸다. 살품으로 파고드는 냉기가 온몸을 떨리게 했다. 가끔 올라오는 버스는 동네 앞을 지나쳐가기 일쑤였고, 혹 누가 내린다 해도 나와 상관없는 이들이었다.

별이 또렷해지기 시작했다. '오늘은 오시겠지. 오늘도 안 오실까?' 기대하고 확신하던 마음은 시간이 갈수록 실망과 두려움으로 변했다. 너무 추워 집으로 들어갈까 했지만 숙부님한테 야단맞을 것 같아 그러고 싶지도 않았다. 아버지 오시기만 기다렸다. 그러면서도 나만 버려둔 아버지가 미워서 오셔도 반가워하지 않으리라. 웃지도 않으리라 했다.

한참 후 또 한 대의 버스가 올라왔다. 불이 켜지며 차가 섰다. 출입문 쪽에 누가 서 있었다. '이번에도 다른 사람이겠지', 시큰둥한 얼굴로 앉은 채 바라보았다. 그런데 양복쟁이였다. 중절모를 쓰고, 안경을 끼고, 가방을 든 신사였다. 내 눈이 커졌다. 우리 동네에 그런 차림으로 올 사람은 아버지밖에 없었다. 벌떡 일어나 엎어질 듯 꼬꾸라질 듯 언덕을 내달렸다.

"아부지이! 아부지이!"

목소리는 그대로 울음이었다. 통곡이었다. 아버지가 내 쪽으로 몸을 돌리셨다. 운전사도, 버스 안의 승객들도 모두 쳐다보았다.

"아부지 왜 인제 왔어?"

돌진하며 울부짖었다. 울컥울컥 설움 덩어리가 넘어왔다. 기쁨의, 성냄의, 슬픔의, 반가움의, 야속함의 울음이었다. 아버지가 가방을 땅바닥에 내려놓고 나를 안아 올리셨다.

"왜 이렇게 얼굴이 뜨겁니?"

울어대는 내 볼에 면도 자국 까슬까슬한 볼을 맞대며 아버지가 그러셨다. 아버지 안경 밑으로 자동차 불빛에 눈물이 반짝였다. 아버지 가슴을 주먹으로 때렸다. 다른 말은 생각나지 않아 왜 인제야 왔느냐고만 했다.

조용한 농촌의 밤. 고요를 흔드는 내 울음에 동네 개들이 짖어댔다. 이 집 저 집 방문이 열려 불빛이 어둠을 갈랐다. 마루

끝에 나와 서서 내다보는 이도 있었다. 어느새 버스는 가버렸고, 할머니와 숙부와 숙모가 아버지와 나를 보고 계셨다.

"원, 지지배두. 누가 구박이나 한 것처럼."

할머니가 민망한 듯 웃으셨다. 숙부와 숙모는 공손한 태도로 아버지를 맞이하셨다. 4학년 겨울밤이었다.

# 전학 서류 떼던 날

“오늘은 핵교 가면 선상님이 전학 서류 떼 주실 거여. 잘 가지고 와.”

아침밥을 먹을 때 할머니께서 이르셨다.

그토록 기다리던 4학년 종업식 날. 쉬는 시간에 친구들 주소를 적으며, 내가 편지하면 너희들도 꼭 답장 보내줘야 한다고 손가락 걸었다. 친구들과 헤어지고 담임선생님을 다시는 못 본다고 생각하면 섭섭하기 그지없었다. 하지만 가족과 같이 살 수 있게 됐다는 생각에 입이 다물어지지 않았다.

“청소 끝나면 만근이와 정근이 남아라.”

종례 시간에 선생님이 말씀하셨다. 만근이는 말 수 적고 공부 잘하는 여자 반장이었다. 나는 전학 가는 일 때문이겠지만 만근이는 왜 남으라고 하실까 궁금했다. 그러고 보니 그 애는 종일 울적해 있었다. 남자 아이들은 운동장 청소와 변소 청소를 하기 위해 밖으로 나가고, 여자 아이들은 교실 청소와 화단을 돌봤다.

"더 좋은 학교로 가니?"

친구들이 물었다.

"그건 잘 몰러. 그렇지만 우리 식구들과 같이 살 거여."

"지금은 누구랑 살았는데?"

"할무니, 작은아부지, 작은엄마."

이해가 안 된다는 듯 친구들 표정이 야릇했다. 잠시 후 선생님이 오시고 만근이와 나만 남았다.

"만근이부터 와 봐."

선생님 목소리가 엄하게 느껴졌다. 만근이가 선생님 책상 앞으로 가는 것을 보며 나는 맨 뒤 구석자리로 옮겨 앉았다. 선생님이 만근이한테 하시는 말씀이나, 만근이가 선생님한테 드리는 이야기를 듣지 않기 위해서였다. 그래야 할 것 같았다. 만근이는 말없이 고개를 숙이고 서 있고, 선생님은 만근이의 얼굴을 들여다보며 뭔가 진지하게 말씀하셨다.

만근이가 훌쩍거리기 시작했다. 울음을 참느라 흐느끼기까지 했다. 만근이한테 무슨 일이 생긴 게 분명했다. 친구가 그렇게 슬퍼하는데 내 기쁨에 들떠 있는 것은 도리가 아닌 것 같았다. 그래도 입꼬리가 자꾸 올라갔다.

만근이 울음소리가 점점 커졌다. 책상에 엎드렸다. 눈물이 나와 줬으면 좋겠는데 도무지 그런 감정이 들지 않았다. 슬펐던 일, 속상했던 일들을 떠올려 보았다. 낙제당하고 아궁이 앞에서 울던 때, 오빠가 '주워 온 애'라고 놀릴 때, 아버지와 헤어져 살아야 할 때, 외삼촌들이 보내준 옷과 가방으로 남자 아이들한테 시달릴 때, 생후 보름도 채 안 된 동생이 죽었을 때, 아버지 품에 안겨 동네가 떠나가라 울던 때를.

소용없었다. 맨송맨송한 눈자위. 엎드린 채 손가락에 침을 묻혀 눈에 발랐다. 그러고 있는 자신이 어이없어 어깨를 떨며 소리 죽여 웃었다. 선생님한테는 뭐라고 말씀드릴까. '안녕히 계세유. 편지 쓸게유. 보고 싶을 거예유. 지금까지 제가 알던 선생님들 중 선생님이 젤 좋아유. 그럴까?' 그런 생각을 하고 있었다.

"정근이 와 봐."

화들짝 놀라 고개를 들었다. 선생님이 부르지 않으셨으면 언제까지라도 그러고 있을 뻔했다. 손가락으로 눈언저리를 문질렀다. 눈물 아닌 침을 닦은 것이었다. 만근이가 손등으로 눈을 훔치며 나가고 있었다. 만근이가 섰던 자리로 갔다. 선생님이 내 생활기록부를 펴놓고 계셨다. 두 손을 아프도록 모아 잡고 고개를 숙였다. 행복한 마음을 감추기 위해 시선을 떨어뜨렸다.

"아버지가 그렇게도 좋으니? 꼭 전학을 가야겠니?"

뻔한 질문을 하신다 싶었다.

'그럼유. 전 울 아부지가 젤 좋아유.'

그렇게 말하고 싶었지만 참았다.

"선생님이 5학년 때도 너희 반 맡을 건데……. 너, 선생님 안 보고 싶겠어?"

그 말씀을 듣는 순간, 눈물이 주루룩 흘렀다. 생각 못 했던 일이다. 슬픈 생각을 해 보려고, 눈물 좀 짜내 보려고 별 궁리를 다 해도 소용없더니, 선생님 안 보고 싶겠냐는 이 한 마디에 그만 눈물샘이 터지고 말았다. 얼마나 눈물이 쏟아졌는지 순식간에 얼굴이 흠뻑 젖었다. 손바닥으로 손등으로 연신 닦았지만 그중 한 방울이 생활기록부 위로 떨어졌다. 당황하여 손가락으로 눌렀다. 딴에는 눈물을 닦으려던 것이었지만 잉크로 쓴 펜글씨를 번지게만 했다. 부끄럽고 죄송했다. 눈물로 범벅된 얼굴로 살짝 선생님을 보았더니 빙그레 웃고 계셨다.

"건강하고, 공부 잘해라. 선생님한테 편지도 쓰고. 이거, 아버지 갖다 드려."

선생님이 밀봉한 봉투 하나를 주셨다. 꾸벅, 인사를 하고 물러섰다. 결국 말은 한마디도 못했다. '저 그냥 이 학교 다닐래유' 하는 말이 나올 뻔한 것을 겨우 참았다. 흐르는 눈물을 닦으며 교실을 나가려니 비로소 전학 가는 서운함이 느껴졌다. 가족들 곁으로, 아버지 곁으로 가기 위해 그토록 조르고 기다렸던 전학이지만 이때만큼은 즐겁지 않았다. 이종원 선생님 때문이었다.

이종원 선생님은 제대하고 복직한 이십대 중반의 새신랑이셨다. 헌칠한 키, 갸름한 얼굴, 특히 웃는 모습이 멋진 안경잡이셨다. 외모뿐만 아니라 수업을 재미있게 하신다는 소문이 났는지 5학년과 6학년들이 많이 부러워했다. 선생님은 공부를 잘 하거나 못하거나, 잘 사는 집 아이거나 가난한 집 아이거나 차별하지 않으셨다. 훈계가 필요한 아이는 따로 불러 나무라셨는지 몰라도 반 아이들이 다 있는 곳에서 매질을 하거나 큰 소리로 야단치시는 것을 한 번도 본 기억이 없다.

수업 시간에 조는 아이가 있으면 재미있는 이야기나 수수께끼를 내어 저절로 깨게 하셨다. 음악 시간에는 교과서에 있는 노래뿐만 아니라 '봄', '사우', '희망의 나라로', '개척자의 참 바람은', '즐거운 나의 집' 등 가곡도 가르쳐 주셨다. 따뜻하고 쾌청한 날 미술 시간에는 학교 앞 작은 내를 건너 동산으로 데려가 사생화를 그리게 하시고, 무더운 날 보건 시간에는 개울에서 물고기도 잡고 손과 발의 묵은 때도 씻게 하셨다. 그때 우리들은 줄 맞춰 운동장을 가로지르며 합창했는데 다른 학년 아이들이 부러운 눈으로 바라보았다. 이 후에도 많은 선생님들을 만났지만 가장 잊을 수 없는 스승님이다.

# 따돌림

아버지가 근무하시는 매현(梅峴)국민학교에 5학년으로 전학했다. 함석지붕 목조건물 두 동과, 기와지붕 목조건물 한 동이 있을 뿐이었다. 그 건물 안에 직원실 하나, 교실 넷, 등사실을 겸한 창고 하나, 남녀공용 변소가 하나 있었다. 별도 건물로는 쓸모 있게 지어 놓은 교장사택과 숙직실, 그리고 운동장 옆 울타리 바깥쪽으로 오두막 같은 교사용 사택이 한 채 있었다.

1~3학년은 2학급씩, 4~6학년은 1학급씩 있었다. 교실 하나를 칸막이해서 두 반이 쓰거나, 칠판을 양쪽에 걸어놓고 복식수업 하는 반도 있었다. 기와지붕 건물은 깨끗했지만, 함석지붕 건물은 벽을 검은 송판으로 지어서 외관상 보기 안 좋았다. 외부인들은 기차 굴 같다느니 탄광 같다느니 했다.

우리 5학년 담임은 이옥화 선생님. 서른 살 안팎의 신체 건장

한 남자 선생님이셨다.

“정정근이다. 중원군 신니면 동락국민학교에서 왔다. 교장선생님 딸이다. 사이좋게 지내도록.”

남자 열댓 명, 여자 열댓 명. 남자 아이들은 대체로 호기심어린 눈빛이었으나 여자 아이들은 냉랭해 보였다. 째려보듯 하는

아이, 빈정거리듯 하는 아이, 관심 없다는 듯 쳐다보지도 않는 아이. 산골 아이들이어서 순박하고 다정할 줄 알았는데 생각 같지 않았다.

쉬는 시간. 양지쪽 유리창 앞으로 여자 아이들이 모여 서 있었다. 한 아이가 나를 새치름하게 쳐다보며 말했다.

"쳇, 교장 딸이면 다여? 선생님이 봐주기만 해 봐라."

내가 뭘 어쨌다는 것인지. 괜스레 욕을 먹은 기분이었다. 둘째 시간이 끝나 중간놀이를 하기 위해 운동장으로 갔더니 쟤가 누구냐며 사방에서 수군댔다. 교장선생님 딸이랴 하는 말도 들렸다. 체조가 끝나 교실로 가려는데 6학년 언니들이 내 주위로 몰려들었다. 말을 건네지는 않고, 내 옷을 만져보거나 쳐다만 보았다. 우리 반 여자 아이들처럼 싸늘한 눈빛은 아니었다.

그날 저녁 아버지한테 하소연했다.

"아부지, 애들이 나 싫어하는 거 같어유."

"그럴수록 네가 더 친하게 해라. 오빠도 처음엔 좀 그랬던 모양이더라. 느이 반에 이장네 아이들이 있다. 연년생 남맨데, 동생도 잘하지만 누나는 못하는 게 없단다. 그 애들이 1학년 때부터 줄곧 1, 2등을 해왔댜. 너도 공부 열심히 해라. 교장 딸이 공부 못한단 소리 듣지 말고."

이튿날 짝꿍한테 말을 걸어 보았다.

"난 정정근인데 넌 이름이 뭐여?"

딱히 할 말이 없어서 해 본 소리였다.

"흥, 그건 왜 묻니?"

"어? 어……. 그냥 궁금해서."

"이염이 이염이지 뭐니?"

"이염이?"

잠시 후 어떤 아이가 보금아, 하고 부르니 짝꿍이 왜 그러느냐며 돌아보았다.

"얘 이염이 아녀?"

고개를 갸웃하며 내가 물었다. 그러자 아이들이 박장대소했다. 나를 쳐다보던 짝꿍의 눈빛이 더욱 싸늘해졌다.

보금이는 아들 많은 집의 막내이자 고명딸이다. 그래서 응석이 붙었는지 아니면 혀가 좀 짧았는지 발음이 분명치 않았다. 그러므로 "이염이 이염이지 뭐니?" 한 것은 제 이름 가르쳐주기 싫어서 던진 돌멩이 같은 것이었지 싶다.

# 귀신 소문

전학을 하자마자 정서 불안에 빠졌다. 따돌림 받는 것도 모자라 사택과 그 주변에 귀신이 나온다는 소문 때문이었다. 아이들은 귀 있으면 들으라는 듯, 두어 발자국 떨어진 곳에서 나를 핼끔거리며 수군거렸다.

"재네 식구들은 무섭지도 않나 벼. 워떻게 사나 몰러."

"접때 비 오던 새벽에도 들렸다며?"

"○○양반이 뒷간 가시다가 들었댜."

이야기를 정리해 보면 이랬다. 교장 사택에서 어느 선생 부인이 아기를 낳다 죽은 적이 있고, 사택 대문 밖 우물에서는 시집살이 견디지 못한 애젊은 새댁 하나가 빠져 죽었다는 것이다. 그런 일이 있고 난 뒤 언제부턴가 으스름달밤이면 산발하고 소복한 여자가 우물 앞에 서서 두레박질을 하고, 부슬비 오는 밤

중이나 새벽에는 사택 주변을 돌아다니며 우는 여자의 곡성이 들리고, 한밤중 사택 부엌에서 도마질소리가 나기에 들여다보니 배불뚝이 여자가 바닥에 앉아 피가 묻어나는 고기를 썰어 먹더라는 것이다.

아이들이 하는 말을 믿을 수도 무시할 수도 없었다. 부임할 당시 36세였던 젊은 교장이 뇌꼴스러워 그랬나, 교장 딸이라는 전학생이 얄미워 골탕 먹이려고 하는 말인가 했다. 그러나 그 소문은 아버지가 부임하시기 전부터 있었다고 한다. 멀쩡한 사택에 귀신이 나타난다니 해괴했다. 소문을 맨 처음 퍼뜨린 이가 누군지는 모르지만 이웃 동네에서도 모르는 이가 없다고 했다.

엄마는 잘 놀랐다. 그런 엄마가 이상한 소리를 들었거나 괴이한 무엇을 보았다면 사단이 나도 진작 났을 터. 하지만 엄마뿐만 아니라 우리 식구 모두 아무 일 없었다. 뜬소문이 분명했다. 그래도 미심쩍은 것을 못 견디는 나는 두 살 어린 동생한테 물어보았다.

"넌 여기서 2년이나 살았으니 잘 알겠지?"

"뭘?"

"사택에 귀신 나온다는 말."

"언니야, 그런 소리 하지 말어. 나도 애들 말만 듣고 아부지한테 물어봤다가 혼났어. 엄마 앞에서는 그런 말 꺼내지도 말라셨어. 엄마가 언니하고 담안 살 때 할무니가 여기 계셨었잖어? 그때 6학년 언니 두 명이 와서 물 좀 먹겠다는 거여. 할무니가 부엌에 가서 늬들이 먹어라 하셨지. 그런데 언니들이 부엌에 들어가자마자 바가지를 동댕이치며 귀신이야! 하고 뛰쳐나오는 거여."

"할무니랑 넌 어디 있었는데?"

"마루에."

"애들이 그러고 나가는데 할무니가 아무 말 안 하셨니?"

"조 요망스러운 년들 또 오기만 해 봐라! 하고 소리 질르셨지."

"그 뒤로는 안 왔어?"

"응. 선생님들만 가끔 오시고 아무도 안 와. 교실에서 먹는 물은 당번들이 주전자 들고 저 아래 바가지 샘에서 떠다 놓거든."

동생은 그 얘기를 하며 깔깔 웃었다. 한밤중 태어난 호랑이 띠여서 그런지 동생은 나보다 야무지고 무섬도 타지 않는 것 같았다. 나는 몸도 마음도 오싹했다. 팔뚝에는 굵은 소름마저 돋았다. 아이들이 숙덕거리던 말이 시도 때도 없이 생각나 혼자서는 집에 있기도 싫었다. 대낮에 변소엘 가도 문을 활짝 열어 놓고 있어야 했고, 고즈넉한 저녁에는 바람 소리만 들려도 긴장했다.

그 무렵, 갱물을 먹으면 무섬증이 없어진다는 말을 들었다. 갱물이란, 제삿밥 세 숟가락 말아놓은 숭늉 같은 물이다. 제삿밥을 '메', 국을 '탕국'이라고 높여 부르듯이 맹물에 제삿밥 말아놓은 것을 우리 집에서는 '갱물'이라고 했다. 우리 집은 아버지가 종손이셔서 거의 매달 제사가 있었다. 덕분에 갱물을 자주

먹을 수 있었고, 그때마다 무섬증 없게 해 달라고 속으로 조상님께 빌었다.

일제강점기 때 지었다는 사택은 훌륭한 편이었다. 함석지붕이어서 소나기나 우박이 쏟아지는 밤에 축사에 있던 노루가 놀라서 죽은 적이 있기는 하지만, 마루가 딸린 방이 셋이나 되고 헛간·축사·광 등 살림하기 편하게 돼 있었다. 널찍한 텃밭도 있어서 웬만한 채소는 다 가꿀 수도 있었다. 엄마가 물동이 이고 아랫마을까지 다녀야 하는 것 말고는 불편할 게 없었다. 첩첩산중에 그만한 주택이 없었던 듯하다.

왜 교장사택에 귀신 소문이 났을까. 초근목피로 근근득생하던 시절, 울며 겨자 먹는 식으로 일본 훈도한테 극진히 공양한 학부형들의 한이 서려 있었을까. 또는 열악한 여느 농가에 비해 잘 지어진 사택이 위화감을 준 것이었는지도 모르겠다.

# 하얀 그 모자

오빠가 중학생 되고 처음 집에 왔을 때다. 검정색 교복에 둥그런 교모 차림으로 싱긋 웃으며 들어왔는데 그때까지 봐온 모습 중 가장 멋졌다.

"와, 멋지다. 나 오빠 모자 한 번만 써 보면 안 되여?"

없는 애교까지 부렸다.

"그렇게 써 보고 싶냐? 좋아."

오빠가 선뜻 벗어 주었다. 벽거울 앞으로 가서 써 보았다. 깊숙이 눌러서, 이마가 드러나도록 올려서, 마크가 중앙에 오게, 삐뚜름하게도 써 봤다. 웃어도 보고 놀란 척 화난 척 인상도 써 봤다.

"너 지금 쑈하냐? 너무 삐딱하게 쓰거나 이마가 훌렁 보이면 날라리 같어."

오빠가 한소리 했다. 그 뒤에도 나는 집에 아무도 없으면 모자부터 머리에 얹었다. 아버지의 갈색 중절모자와는 또 다른 멋이 있었다. 모자를 쓰고 거울 앞에서 이런저런 인상을 쓰고 있다가 엄마가 들어오시는 줄도 몰랐다.

"저런 버르장머리 읎는 걸 봤나. 어여 벗어 놔. 지지배가 남정네 모자를 함부로 쓰는 게 아녀. 오빠 재수 읎어져."

오빠가 하숙집으로 돌아간 뒤였다. 그날도 나는 아버지 모자를 쓰고 거울 앞에 서 있었다. 사무실이 가깝다 보니 아버지는 출장 때만 모자를 쓰고 늘 말코지에 걸어 두셨다. 무엇을 가지러 들어오신 아버지한테 들켜 죄송하고 무안했다. 아버지는 당황하는 나를 나무라기는커녕 부드러운 목소리로 물으셨다.

"그렇게도 모자가 쓰고 싶으냐?"

"야. 아부지."

"충주여중 들어가면 쓸 수 있어."

"여학생도 모자를 써유?"

"그럼. 넌 여자가 모자 쓴 걸 아직 못 봤겠구나."

"국민학교 댕기는 애들이 쓰는 건 없어유?"

"담에 출장 가면 알아보마. 있으면 사다 주마."

그날부터 나는 아버지가 출장 가실 날만 기다렸다. 얼마 후, 아버지는 출장길에 정말로 내 맘에 쏙 드는 모자를 사 오셨다. 하얀 여름 모자. 여름옷으로 갈아입는 중이었는데 잘됐다 싶었다. 사방으로 둥근 챙에 재봉틀로 돌려 박은 흔적이 곱게 나 있는 빳빳하고 탄탄해 보이는 모자였다. 내 머리를 재 보지도 않으셨는데 딱 맞았다. 어떤 아이는 새 신발을 신고 뛰었다지만 나는 모자를 들고 펄쩍펄쩍 뛰었다.

"학교 갈 때는 쓰지 말어."

"야."

집에서는 맘 놓고 썼다. 밥 먹을 때도, 숙제할 때도 모자는 내 몸에 붙어 있었다. 변소에 갈 때만 벗어 놓았다. 머리맡에 놓고 잠을 자다가 그 하얀 모자를 쓰고 들꽃 피어 있는 풀밭을 뛰어다니는 꿈도 꾸었다. 방과 후 운동장 벤치에 앉아 뭉게구름한테도 보여 주고, 동네를 조금 벗어난 계곡에 가서 가재와 미꾸라지와 물방개와 소금쟁이한테도 으스대고, 사택 뒤에 있는 야산에 올라가 장끼와 까투리한테도 뻐겼다. 박새·산솔새·찌르레기·직박구리 등 새들이 지저귀거나 우짖다가 내 발자국소리에 놀라 날아가면 내가 대신 노랠 불렀다.

노래는 즐겁구나 산 너멋길
나무들이 울창한 이 산에
가고 갈수록 산새들이 즐거이 노래해
햇빛은 나뭇잎 새로 반짝이고
우리들의 노래는 즐겁다

모자를 애지중지하는 나를 아버지도 흐뭇해하셨다. 꽃밭에 앉혀 놓거나 세워 놓고 사진을 찍어 주실 때는 있는 폼 없는 폼 다 잡고 꽃보다 화사하게 웃었다.

열흘이나 됐을까. 챙에 손때가 묻었다. 대야에 물을 붓고 모자를 담갔다. 세숫비누를 묻혀 살살 비벼 빨았다. 갑자기 쪼글쪼글해지더니 거무스름한 종이가 풀려 나왔다. 모자 만드는 기술이 시원치 않았던 때였다. 골판지로 챙의 모형을 만들고, 그 위에 희고 얇은 천을 씌워 재봉틀로 박은 날림 모자였던 것이다. 처음으로 가져본 모자. 아버지가 사다 주신 예쁜 모자. 싫증도 나기 전에 망가진 하얀 그 모자. 모자가 물속에서 형체를 잃어갈 때 어찌나 겁이 나고 안타깝던지 가슴이 내려앉는 것 같았다. 눈물이 줄줄 흘렀다.

모자가 그렇게 된 것을 아무한테도 말하지 않았다. 아버지한테는 죄송해서, 엄마한테는 조심성 없다고 꾸중 들을 것 같아서. 무엇보다도 나 자신한테 속이 상해 입을 열기 싫었다. 내색은 하지 않았지만, 형체를 잃은 그것을 쓰레기통에 버렸으니 엄마는 아셨을 것이다. 엄마가 아셨다면 아버지도 모르실 리 없었다. 그러나 아버지도 엄마도 모자에 대해 한마디도 하지 않으셨다. 처음 겪은 상실감이었다.

# 순이

마을과 외돌아진 사택은 늘 조용했다. 보이는 것은 산이요, 들리는 것은 바람소리거나 새들의 지저귐뿐이었다.

날씨가 우중충한 일요일. 두 동생들은 놀러 나갔는지 보이지 않고 막냇동생만 엄마 품에서 자고 있었다. 사진에 취미를 갖고 있던 아버지는 오시레를 변조한 암실에서 현상 중이셨다. 붓글씨인지 낙서인지를 하다 심드렁해진 나도 밖으로 나갔다.

텅 빈 운동장. 조회대가 유난히 눈에 띄었다. 천천히 조회대 위로 올라갔다. 양손을 배에 모아 깍지 끼고 사방을 둘러보았다. 심장에서 북소리가 들리는 듯했다. 얼굴도 발갛게 물들었으리라. 낭독을 잘했다고, 글짓기를 잘했다고 낯선 이 앞에서 축하받는 상상을 해 보았다. 전교생은 물론이요 학부형과 동네 사람들도 다 모였다. 조금은 부끄러운 듯, 그러나 자랑스럽게 활짝 웃고 있는 나를 향해 쏟아지는 우렁찬 박수소리.

내가 어른이 되어 상을 주는 모습도 그려 보았다. 호명되어 올라온 아이는 무엇을 잘했을까. 수상자인 어린이도 시상자인 나도 얼굴 가득 미소가 번졌다. 문득 정신을 차리고 보니 순이가 운동장 복판에 서서 나를 빤히 쳐다보고 있었다. 가소로움을 억지로 참는 듯한 표정. 마음껏 상상의 세계를 펼치고 있다가 순식간에 굳어졌다. 순이네 집은 교문 조금 아래 있었다. 분명 교문으로 들어왔을 것이다. 교문은 조회대 정면에 있었으니 내가 못 보았을 리 없다. 그러나 엉뚱한 상념에 잠겨 있느라 전혀 몰랐다. 못된 짓하다 들킨 기분. 불안하게 가슴이 뛰었다.

순이가 어려웠다. 한 살쯤 많다고는 했지만 나이 때문만이 아니었다. 순이 아버지가 동네 이장이어서도 아니었고, 외모에 기가 죽어서도 아니었다. 전학 첫날 아버지한테 들었듯이 순이는 못하는 것이 없는 아이였다. 학과 공부를 골고루 다 잘하는 것은 물론이요, 방과 후에는 여자 아이들이 머리를 깎아 달라고 할 정도로 솜씨가 있었다. 농번기 3~4일간의 '가정 실습' 때는 새참을 만들어 들에 내 갈 만큼 방짜 살림꾼에, 펜글씨를 잘 써서 담임선생님 대신 교실 환경정리도 혼자 다 하고, 우리들의 시험지도 채점한다는 것이었다.

순이가 선생님을 대신하여 채점한다는 것이 나로서는 자존심 상하는 일이었다. 한 번은 사회 시험에서 정답을 썼는데도 오답

으로 처리 될 뻔한 적이 있었다. 괄호 안에 '개인 수입'이라고 써야 했는데, 괄호에 바짝 붙여 '개'를 쓰다 보니 '애'로 보였던 모양이다. 내가 글씨를 반듯하게 쓰지 못한 탓이었지만, 순이가 아이들 앞에서 그걸 들먹였다. "어떤 애는 20번답을 '애인 수입'이라고 썼더라. 나 참 웃겨서." 시험지를 받아보기 전까지는 그 '웃기는 애'가 나인 줄도 몰랐다.

나는 산수에 약했다. 15일이면 15번이 지명 당하는 식이어서 내 번호 날짜가 되면 등교 전부터 조마조마했다. 순이 남매는 시켜 주지 않아서 불만인 것 같았다. 호명만 되면 자신 있는 몸짓으로 나가 칠판에 척척 풀어 놓고 득의만만한 모습으로 자리에 앉았다. 우리 반 아이들 중 아무도 그 남매를 앞지르지 못했다. 물론 나도 그랬다. 부모님 떨어져 사는 동안 숙제는 하는 둥 마는 둥하고 마실이나 다니던 내가, 화투 치고 놀기만 하던 내가 어찌 따라갈 수 있었겠는가. 내가 그 애들보다 조금 잘하는 게 있었다면 글짓기와 낭독뿐이었겠지만, 그것은 학습에 그리 중요한 부분이 아니었다. 그렇다면 내가 학습 능력이 열등해서만 순이를 어려워했을까? 그것도 온전한 답은 아니었다.

순이는 나처럼 철없고 얼뜬 아이가 아니었다. 데퉁맞고 어수룩하고 어리벙벙하지 않았다. 이치에 딱딱 맞게, 나름대로 논리적이었다. 내가 어벙한 짓을 하면 여지없이 핀잔주고 책잡을 아이 같았다. 그러므로 나는 그 애가 뭐라고 들이대면 대꾸할 말을 못 찾을 것 같았고, 무슨 말이고 굳이 하려다가는 더듬거리거나 할 판이었다. 아무튼 '선생님' 같은 그 애는 내 실수만 눈여겨보는 것 같아 두렵고 겁났다. 부딪치지 않는 게 상책이라고 생각했다. 그런데 그날 꼴사납게 조회대 위에 올라가 있는 모습을 들켰으니.

난감했다. 슬며시 조회대 끝에 걸터앉았다. 바로 내려가지 않은 것은, 순이가 무서워서 피하는 듯한 인상을 주기 싫어서였다. 오기, 약한 모습을 보이고 싶지 않은 허세였다. 순이는 일정한 거리를 두고 서서, '흥! 별꼴 다 보겠네.' 하는 얼굴로 나를 빤히 쳐다보았다. 나도 '어쩔 거여?' 하는 눈으로 마주 보았다. 그러나 내 눈정기는 점점 흐려졌다. 눈을 마주칠 자신이 없어서 그 애 코언저리만 쳐다보았다. 아니나 다를까, 드디어 순이가 입을 열었다.

"너 거기 왜 올라갔니?"

"……."

"5학년이나 된 애가, 애들은 올라가면 안 된다는 걸 모르니?"

"……."

"니네 아버지가 교장이라고 니 맘대로 해도 된다고 생각하니?"

"……. 내 맘여."

"넌 참 예의가 없는 애구나. 교장 딸이면 다니?"

'교장 딸', 결국 비웃는 말까지 들었다. 마음을 옹그리는데도 점점 기가 죽었다. 순이의 말은 조금도 틀리지 않았다. 그래서 더 할 말이 없었다. 산골 아이면 산골 아이답게 순박하고 어수룩한 구석도 있으면 좋으련만 그 애는 너무 잘났다. 나 역시 꼴에 자존심은 있어서 그런 아이한테는 오사바사하게 말하고 싶지도 않았다.

흐렸던 하늘에서 빗방울이 떨어졌다. 저쪽 하늘에서 먹구름이 몰려왔다. 스물여섯 살 된 느티나무가 거세게 흔들렸다. 잔가지들은 금방 부러져 나갈 것 같았다. 큰비가 올 모양이었다. 집으로 가고 싶었다. 하지만 순이가 거기 그렇게 서 있으니 일어날 수가 없었다. 자리를 뜨면 진다는 생각에 그냥 앉아 있었다. 고집, 냉전이었다.

순이가 잠시 다른 곳을 보았다. 나는 가만히 앉아 순이의 움직임만 주시했다. 순이가 다시 나를 쳐다보았다. 조금 전보다 비웃는 표정이 뚜렷했다. 눈도 입도 묘하게 일그러졌다. 비웃음이 확실했다. 빗방울이 더 많이 떨어졌다. 갑자기 정수리 쪽에서 빗방울 듣는 소리가 났다. 돌아보니 김춘자 선생님네 아저씨가 내 뒤에 쪼그리고 앉아 우산을 받쳐주고 계셨다. 김춘자 선생님 부부는 신니면 용원국민학교 동기 동창이며 아버지의 제자라고 했다.

"이크, 들켰네. 비 오는데 여기서 뭐하니? 너 지금 순이랑 싸우는 중이니?"

아저씨가 빙그레 웃으며 말했다. 눈물이 핑 돌았다. 허벅지 위로 굵은 눈물이 떨어졌다. 응석이 났을까. 울 일도 아니고 울어서도 안 되는 상황이었는데 모자라게도 눈물을 흘리고 말았다. 아저씨가 등을 토닥여주며 그만 집으로 가자고 했다. 우산을 씌워주는 아저씨를 따라 조회대를 내려갔다. 순이한테 백기를 든 꼴이었다. 그날 순이는 내 뒷모습을 보며 무슨 생각을 했을까.

'어이구 병신, 울보, 쪼다, 머저리. 넌 나 못 이겨.'

그랬을까.

# 사탄아 물러가라

순이가 내게 전도했다. 자기와 같이 교회 다니면 귀신도 나타나지 않고, 무서운 일이 생겼을 때는 기도로 물리칠 수 있다는 것이었다. 다정하게 말 걸어주는 것도 고마웠지만 무섬증에서 놓여날 수 있을 거라 해서 선선히 따랐다. 하지만 순이와 주고받은 이야기는 가족 아무한테도 말하지 않았다. 아버지와 엄마한테 처음으로 만든 비밀이었다.

일요일 아침, 전에 없이 친구네 집에 놀러가겠다고 했다. 부모님은 흔쾌히 허락하셨다. 이제 비로소 친구들과 잘 지내게 됐나보다고 안심하시는 것 같았다. 순이 따라 간 교회는 장승백이에 있는 조그마한 성결교회였다. 아마도 매현리 일대에 처음 생긴 교회였을 것이다. 주민이 밭을 내놓아 짓게 됐다는데 초가지붕에 멍석 몇 장 깔아 놓은 아담하고 포근한 예배당이었다. 인

도자는 몸집이 작은 총각 전도사님. 새벽마다 학교 옆 동산을 거닐며 기도하고, 찬송하고, 말씀을 외치셨다. 시끄럽다고 항의하는 주민은 없었던 듯하다.

그 교회에 다니는 아이들이 여럿 있었다. 그 애들은 나이와 학년을 따지지 않고 어디서든 만나기만 하면 오른손을 번쩍 들고 '할렐루야!' 했다. 자기들은 '하나님께 선택 받은 특별한 백성'이라는 듯 서로 깊은 유대감을 과시했다. 내가 교회를 한 번 갔다 온 뒤부터는 내게도 그랬다. 오랫동안 사귄 친구나 가까운 친척처럼 대해주는 것은 좋았다. 그러나 그 독특한 인사법이 웃기기도 했고, 내가 교회 다니는 것을 가족 중 누가 알게 될까 봐 반갑지는 않았다.

처음으로 가 본 교회는 낯설고 신기했다. 전도사님은 찬송가와 그림을 그린 괘도를 넘겨가며 노래도 가르쳐 주고 말씀도 해주셨다. 찬송가 중에는 '탄일종이 울린다' '날빛보다 더 검은' '아무나 오게'가, 그림 중에는 이쪽에서 저쪽으로 건너가는 깊은 계곡 사이에 걸쳐져 있는 십자가 모양의 다리와, 뱀이 우글거리는 벼랑 위에 허약해 보이는 사람이 꺾어져가는 나뭇가지에 매달려 떨고 있는 그림이 지금도 생각난다.

전도사님이 통성기도하자고 하셨을 때 그게 무슨 말인지 궁금했다. 다함께 소리 내어 기도하는 것이라는 걸 안 것은, 장터에 묶여 있는 촌닭처럼 두리번거려보고 나서였다. 하품하는 사람,

울면서 중얼거리는 사람, 큰소리로 찬송가 부르는 사람, 손뼉을 딱딱 치며 누굴 야단치듯 하는 사람, 눈도 감고 입도 다물고 가만히 앉아만 있는 사람. 옆자리의 순이는 얌전하게 무릎 꿇고 앉아 두 손을 마주잡고 기도했다. 입술을 달싹이며 어쩌고저쩌고 하는데 무슨 소리를 하는지 통 알아들을 수가 없었다. 방언기도였던 모양이다. 나도 순이처럼 무릎 꿇고 앉아 손을 모았다.

"예수님, 저 모르시지유? 저도 예수님이 누군지 몰러유. 순이가 권해서 오긴 왔지만 기도도 할 줄 몰러유. 예수님한테 기도하면 귀신도 쫓아내 주시고 무서운 생각도 안 나게 해 주시나유? 그럼 우리 식구 사는 사택에 귀신 나오지 않게 해 주세유. 두레박우물이나 부엌이나 헛간이나 어디든지 다유. 애들이 하던 말 생각하면 무서워 죽겠어유. 엄마는 잘 놀래서서 말도 꺼내보지 못했고유, 아부지는 쓸데없는 소리 말라며 야단치실 것 같어유. 그리고유 예수님, 저 애들하고 친하게 지낼 수 있게 해 주세유. 교회 다니다가 아부지나 엄마한테 들켜서 혼나는 일도 없게 해 주시고유…."

설교대 위의 종이 울리자 다들 조용했다. 전도사님이 두어 군데를 가리키며 원을 그리셨다. 그곳에 성령님이 임하셨다는 것이었다. 순이와 내가 있는 쪽을 향해서도 그러셨다. 나는 성령님이 어떤 분인지 알지는 못했지만, '설마 나한테도 오셨을라구? 우리 쪽에도 오셨었다면 순이한테 왔다 가셨겠지. 그럼 내가 하는 기도도 들으셨을까?' 하는 생각을 했다. 누군가 나의 소원을 들어주는 이가 있다니 든든하고 기분 좋았다.

한 달쯤 지난 어느 날 순이가, 크리스마스이브라며 저녁에 교회 가자고 했다. 엄마한테 혼날지도 모르고 집에 올 때 무섭다며 싫다고 했다. 그랬더니 순이는 우리 동네에서 어른들도 다니니까 데려다 주실 거라느니, 선물도 주고 재미도 있을 거라느니 했다. 저녁 먹고 망설인 끝에 엄마한테 말씀 드렸더니 너무 늦지는 말라고 하셨다. 교회에 도착했을 때는 크리스마스트리, 색종이로 만든 꽃과 고리가 예쁘게 장식돼 있었다. 뎅그렁 뎅그렁 종이 울리자 어른 아이 가득 모였다. 찬송도 부르고, 기도도 하고, 설교도 듣고, 공책이었는지 연필이었는지 선물도 받았다.

예배가 끝났을 때는 한밤중 같았다. 순이와 매산 사람들과 서낭당을 넘었다. 당산나무 아래 돌무더기, 어지럽게 걸쳐놓은 헝겊들이 으스스했지만 어른들이 계셔서 괜찮았다. 그러나 학교 후문 앞에 이르자 다들 뿔뿔이 흩어졌다. 아무도 학교 안으로는 들어가려 하지 않았다. 숙직실 앞을 지나고 두레박 우물 쪽으로 가려니 머리끝이 쭈뼛, 기분이 오싹했다. 순이가 시킨 대로 '예수 이름으로 명하노니 사탄아, 물러가라!'는 말만 계속 중얼거렸다. 그래도 무서웠다. 달밤이 아니어서인지 우물가에 머리 푼 귀신은 없었다. 돌계단 몇 개를 올라가 대문 앞에 다다랐다. 대문이 잠겨 있지 않기를 바라며 살며시 밀었다. 그때 대문 안쪽에서 허연 물체가 나오려고 했다.

이게 바로 귀신인가보다 싶었다.

"사탄아, 물러가라!"

나도 모르게 크게 소리쳤다. 그것은 명령이라기보다 겁에 질려 터뜨린 비명이었고 울음이었다. 그 소리에 놀랐는지 상대방은 외마디소리를 지르고 아예 쓰러져 버렸다. 아버지가 황급히 나오셨다. 어딜 갔다 오는 거냐며 무섭게 호통 치셨다. 쓰러진 물체는 엄마였다. 순이네 집에서 놀다 오겠다던 내가 밤이 되도록 오지 않자 나가 보려던 참이셨다. 그런데 하필이면 겁쟁이 모녀가 같은 시각 같은 장소 이 저쪽에서 대문을 열다가 서로에게 놀란 것이었다. 그날 이후 다시는 장승백이 교회에 가지 못했다. "한 집에서 두 가지 종교를 믿을 수 없다. 시집간 뒤에나 네 맘대로 해라!"는 아버지의 단호한 명령이 떨어졌기 때문이다.

어느 날부턴가 무섬증에서 놓여났다. 무서운 장면이 떠오른 적도 있었지만 그것을 오랫동안 생각하거나 연상하는 등 눌려 지내지 않았다. 예수님이 들어주셨는지, 갱물을 먹은 음덕으로 담력이 커졌는지. 눈이 내려쌓인 이른 아침이면 운동장에 나가 발자국으로 이런저런 무늬도 만들어 보고 그림도 그려보고 벌렁 누워 노래도 불렀다. 보름달이 둥실한 밤이면 대문 밖 우물가도 눈여겨보고, 자늑자늑 비 오는 저녁이면 새소리도 멈춘 너누룩한 옆 산에 눈과 귀를 모으기도 했다. 그러나 이상한 것도 보이지 않고 괴이한 소리도 들리지 않았다. 어둠 짙은 산에서 나무와 풀들이 장난치는 소리, 함석지붕에 출출히 떨어지는 빗소리뿐이었다.

# 서울 아이

조영숙 선생님이 계셨다. 6학년 성숙, 4학년 성자, 1학년 성희를 데리고 숙직실에서 사셨다. 남편 되시는 분은 다른 곳에서 사업을 하신다고 했는데 나는 한 번도 본 적이 없었다. 좀 웃기는 일은, 그 아저씨가 우리와 동성동본이며 내게 조카뻘이 된다 하여 그 집 아이들이 우리 형제를 모두 할아버지나 할머니라고 불렀다.

외지에서 오신 선생님들이 하숙방이나 자취방 구하기 힘들 때였다. 그런 와중에 부엌 딸린 방이 둘이나 있는 숙직실을 쓰실 수 있었으니 그나마 다행이었을 것이다.

여름방학이 되자 서울에서 조영숙 선생님의 친정 동생이라는 아이가 왔다. 조현준이라고 했다. 나와 학년과 나이가 같던 그 애는 방학 동안만이라도 산골에서 지내보고 싶어 스스로 왔다고

했다. 그런 현준이조차 제 생질녀들처럼 나를 할머니라고 호칭했다. 듣기 거북했지만 며칠 지나자 그래서 오히려 더 친해진 것 같다. 다른 남자 아이들과는 말 한 마디 나누지 않을 때였는데 현준이만은 예외였으니 첫 남자친구였던 셈이다.

숙직실과 사택은 1분 거리에 있었다. 달이 밝은 저녁이면 현준이가 성자와 성희를 데리고 사택으로 왔다. 성숙이는 나와 동갑이지만 6학년이어서 그랬는지 한 번도 우리와 어울리지 않았다. 생김새도 성격도 새침데기였다. 성격이 원만했던 성자는 노래를 잘했고, 막내 성희는 자주 징징거렸다. 현준이가 생질녀들을 데리고 오면 나는 3학년짜리 여동생과 여섯 살짜리 남동생을 데리고 함께 숨바꼭질했다. 대문 밖으로 나가거나 방에 들어가지 않아도 숨을 곳은 많았다.

보름달이 환한 그날 저녁에도 우리는 숨바꼭질을 했다. 현준이, 성자, 성희, 그리고 나와 내 동생들이 어울렸다. 마땅한 곳을 찾지 못해 왔다 갔다 하다가 나뭇간으로 들어갔다. 그런데 나뭇단 뒤에는 이미 현준이가 와 있었다. 반사적으로 돌아 나가려 하니 현준이가 옷자락을 잡아당겼다.

"할머니, 이리 와. 내가 숨겨 줄게."

그러고는 나를 끌어다 제 옆에 앉혔다. 한 팔을 둘러 가볍게 안기까지 했다. 어린 손자가 늙은 할머니를 보듬듯 천연덕스럽고 자연스러운 몸짓이었다. 그런 그 애와는 달리 나는 움찔했다. 그 애가 어찌나 순수해 보이던지 뿌리치면 더 어색할 것 같아 가만히 있었다. 그 애는 아무렇지 않았는지 모르지만 나는 아무렇지 않지가 않았다. 열두 살. 만으로는 열한 살밖에 안 됐는데 그 애가 이성으로 느껴졌다. 현준이의 왼쪽 가슴이 내 오른쪽 등에 닿고, 현준이의 다섯 개 손가락이 반팔인 내 왼쪽 팔뚝에 닿는 순간 야릇한 감정이 들었다. 가슴이 몹시 두근거렸다. 빠져나가려고 상체를 움직이는데 그 순간 술래의 발자국소리가 들렸다.

"할머니, 가만있어. 술래 온다!"

현준이가 낮게 속삭이며 나를 안은 왼팔에 힘을 주었다. 오른팔로는 내 오른쪽 어깻죽지를 붙잡았다. 그 애한테서는 아무 동요도 느껴지지 않는데 나만 혼자 심장 뛰는 소리가 요란했다. 그것을 들킬 것 같아 숨도 제대로 쉬지 못했다. 술래는 나뭇단 바로 앞까지 와서 무어라고 혼잣말을 하더니 밖으로 뛰어나갔다. 술래의 발걸음이 멀어져갔다. 나를 붙안고 있던 현준이의 손아귀가 느슨해졌다. 그 틈에 재빨리 뛰쳐나갔다. 현준이도 따라 나왔다.

깜깜한 저녁에는 사택이나 숙직실 방에서 놀았다. 자기가 알고 있는 옛날이야기나 게임을 했다. 나는 가끔 무서운 이야기를 지어 할 때도 있었다. 그럴 때는 말을 하는 나나 듣는 아이들이

나 잔뜩 긴장하여 누가 살짝 건드리기만 해도 비명을 질렀다. 게임을 하다가 틀리거나 지는 사람은 노래를 하기로 했다. 성자가 제일 자주 걸렸다. 성자는 수줍은 척하면서도 한 번 노래를 시작했다 하면 큰 목소리로 열창했다. 노래하고 싶어서 일부러 틀리는 성싶었다. 성자가 자주 부르던 노래 중 하나는 내 노래가 되기도 했다.

마음이 답답할 땐 언덕에 올라
푸른 하늘 바라보자 구름을 보자
저 산 넘어 하늘 아래 그 누가 사나
나도야 저 산을 넘고 싶구나

현준이는 누구와 있어도 금방 눈에 띄었다. 두상이 잘 생겨서 그랬는지 상고머리가 멋지게 어울렸다. 머리 모양에서 한 인물 난다던가. 사시장철 텁수룩하거나, 기계충이나 도장부스럼 앓은 자리가 선명하거나, 겨울에도 몽구리를 쳐 추워 보이거나, 아예 배코를 치고 다니던 시골 아이들과는 확연히 달랐다. 거기다 깔끔한 옷차림, 깨끗한 살결, 반듯한 이목구비, 표준어를 쓰는 조용하면서도 맑은 목소리는 나를 가끔 생각에 잠기게도 했다. 서울 아이를 본 것도 처음, 그 애처럼 잘생긴 남자 아이를 본 것도 처음이었다.

현준이는 궂은날만 아니면 아침저녁으로 사택 옆 산 밑을 달렸다. 팔을 좌우 사선으로 바꿔 가며 제 몸이 비행기라도 된 듯 윙, 윙, 소리까지 냈다. 마루에 서서 그 애의 그런 모습을 자주 보았다. 그 애는 내가 보고 있는 걸 알았는지, 기분이 좋아진다며 할머니도 해보라고 권했다. 그러나 나는 하지 않았다. 남세스러울 것 같아서였다.

# 숨기고 싶은 날들

머리에도 옷에도 이가 많았다. 머리에는 까맣고 쬐꼬만 것이, 옷에는 허옇고 통통한 것이 서캐까지 슬어가며 붙어살았다. 겨울밤 화롯가에 둘러앉아 이 잡던 진풍경. 그것도 추억이라고 웃음이 난다.

머릿니 잡기는 쉬웠다. 발이 촘촘한 참빗으로 훑어 내리든지, 머리카락을 한 올 한 올 헤치면 쉽게 보였다. 눈에 띄었다 하면 그 즉시 양쪽 엄지손톱 사이에 가두어 눌러 죽이면 되었다. 숱이 무성한 골짜기를 오르내리는 어미나, 머리카락 줄기에 까놓은 서캐를 잡는 것도 그 시절 한 재미였다고나 할까.

옷니는 잡기가 까다로웠다. 숨을 곳이 많아서다. 등허리나 옆구리 같은 방천에서 피를 빨아먹다가도, 속옷 솔기나 저고리 깃고대 혹은 동정이나 섶코 따위에 들어가 진을 치기 때문이었다.

적의 공격을 조금이라도 피하려고 좁고 어둡고 음침한 구석을 파고들었다. 그러므로 소탕전을 펴다가 눈에 띄지 않는다고 '없어. 다 잡았어.' 하면 낭패다.

오죽하면 '이 잡듯 한다.'는 말이 생겼을까. 눈에 보이는 것은 당연히 잡고, 보이지 않아도 심증이 가는 곳이면 옷자락을 방바닥에 놓고 다듬잇방망이로 자근자근 짓찧었다. 그때의 방망이 밑에서 알과 함께 어미 이 터져 죽던 쟁그럽고도 씨원하던 소리라니. 망치로 두들기면 더 확실하게 죽일 수는 있지만, 빈대 잡으려다 초가삼간 태우는 식으로 옷감을 상하게 할 수는 없는 일이었다. 급하면 옷을 벗어 화롯불에 대고 훌훌 털기도 했다. 타다닥타다닥, 구워질 새도 없이 타 죽던 놈들의 별곡(別曲). 그보다 더 확실한 처형방법이 있었을까.

수업 시간에 까만 이 한 마리에 심취해 있었다. 앞에 앉은 친구 뒤통수에서 기어 나온 것이었는데, 빳빳이 풀 먹인 제 주인의 하얀 칼라 위를 단독 행진하고 있었다. 짝꿍과 나는 고것에 눈독 들이느라 선생님 말씀은 귀 밖이었다. 잡으려면 잡을 수도 있었지만 올라갔다 내려왔다, 오른쪽으로 갔다 왼쪽으로 갔다 바장이는 꼬락서니를 감상하는 게 재미있어서 가만히 두었다. 저러다 옷 속으로 들어가는 것 아닐까 했지만 그곳은 제 영토가 아니라는 듯, 갈걍갈걍한 제 주인의 목 고개를 넘어 본래의 제자리, 무성한 숲으로 들어갔다. 그 사이 친구는 한 번 긁적거리지도 않고 선생님 말씀만 경청했다.

어느 날 집에서, 머리가 하도 근질거려 달력을 뒤집어 놓고 참빗질을 했다. 고개를 숙여 머리를 앞으로 쏟아 내리고 서너 번 빗었을 때 무엇이 툭툭툭 떨어지는 소리가 났다. 설마하면서도 고개를 들어 바라보니 하얀 종이 위로 까만 머릿니 여러 마리가 쌀쌀거리고 도망치는 게 아니던가. 그 빠르기가 여간 날쌔지 않았다. 하도 놀라워 손써 볼 생각도 못 하고 바라만 보았다. 한두 마리였으면 엄지손톱으로 단번에 압살시켰을 터이나, 그렇게 많은 벌레들이 내 머리 속에 살고 있었다는 게 믿어지지 않았다. 소름이 돋도록 무서워 가슴이 쿵쿵 뛰었다. 엄마나 동생들이 알까봐 비명도 지르지 않았다.

남자 아이들이나 여자 아이들이나, 노인이나 젊은이나 다 긁적거렸다. 학교에서 디디티를 다량 구입하여 며칠에 한 번씩 전교생한테 살포했다. 여자 아이들은 허옇고 냄새 고약한 가루를 둘러쓰고 다니는 게 싫다고 펌프 앞을 도망쳐 등짝에나 묻히는 정도였다. 하지만 남자 아이들은 발끝부터 머리끝까지 꼼꼼하게 세례 받았다. 공짜라고 하니 바지 속으로 길쭉한 펌프 통을 끌어들여 속옷에까지 뿌려 달라는 아이도 있었다.

분꽃 필 무렵, 엄마가 모시블라우스를 만들어 주셨다. 왼쪽 가슴에 앙증맞은 주머니도 달려 있었다. 그런데 옷을 입기만 하면 이 주머니가 방싯하니 벌어져 여간 신경 쓰이는 게 아니었다. 주머니 바로 밑에 작은 자두만한 몽우리가 있었기 때문이다. 그것은 지난겨울부터 말 못할 두려움과 통증을 일으키며 딴딴하게 자리 잡은, 나의 두 번째 성징이었다.

여름방학이 되자 충주에서 중학교 다니던 오빠가 왔다. 엄마가 강낭콩을 한 바구니 따다 주며 누가 더 많이 깠는지 보겠다고 하셨다. 꾀부리지 말고 부지런히 까게 하려는 엄마의 속셈이었다. 오빠와 나는 방에서 승부욕을 보였다. 한눈팔 새 없이 깠다. 갑자기 오빠 손놀림이 느려지는가 싶더니 슬며시 마루로 나갔다. 이상한 생각이 들어 귀를 세웠다.

"엄마엄마, 정근이 젖 생겼어."

급하고 낮은 목소리였다.

"쉿! 그런 말 하는 거 아녀."

마당에서 푸성귀를 다듬던 엄마가 작고 빠른 소리로 대꾸했다. 그러나 나는 이미 다 들어 버렸다. 잠시 후 오빠가 아무 일 없었다는 듯 들어와 다시 콩을 까기 시작했다. 이번에는 내가 방을 나가 버렸다. 모른 척해 주지 않는 오빠도 보기 싫고 몸이 자라는 것도 수치스럽기만 했다.

주머니가 달리지 않은 오른쪽은 무난해 보였다. 주머니를 떼어 달라고 엄마한테 툴툴거렸다. 엄마는 그 주머니가 있어서 옷이 사는 거라며 그냥 두라고 하셨다. 엄마가 들어줄 것 같지 않아 몰래 가위로 잘라냈다. 아무렇게나 잘려 나간 주머니 흔적은 흉하기 그지없었다. 유별 떤다고 엄마가 나무라셨다.

그 즈음 나는 늘 웅크리고 지냈다. 보건시간에 배구나 달리기를 할 때도, 구령 붙여 걸을 때도 어깨 한 번 바로 펴지 못했다. 가뜩이나 운동신경이 둔한 터에 신체에 대한 강박관념까지 생겨 행동이 더욱 굼떴다.

# 4.

# 어리버리 선두

# 교장 딸

일기 숙제가 싫었다. 책상 위에 펼쳐 놓으면 선생님이 지나다니며 슬쩍 보시는 정도였는데도 그랬다. 똑같은 얘기는 시시해서 쓰기 싫고, 나쁜 일 생겼을 때는 부끄러워서 쓰고 싶지 않다는 게 스스로에 대한 변명이었다. 그러다 보니 거짓 일기를 쓰거나 주에 한두 번 쓰는 날이 많았다. 어느 월요일, 일기 검사를 하겠다고 하셨다.

"지난 주 일기, 다들 썼지? 안 쓴 사람 손들어 봐."

몇 명이 손을 들었다. 나는 그 주에 단 하루치도 쓰지 않았으면서 손을 들지 않았다. 정직하게 손을 든 아이들은 가르침대로 손바닥을 한 대씩 맞았다. 나처럼 쓰지 않았으면서 시침 뗀 아이가 있었는지는 모르겠다.

"정근이 읽어 봐. 지난 주 것 전부."

난감했다. 하필이면 하루도 쓰지 않은 때에 읽으라 하시다니. 사실대로 말씀드릴까 했지만 너무 늦은 것 같았다. 공책을 들고 일어섰다. 무슨 배짱이었는지 모르겠다. 아무것도 적혀 있지 않은 공책을 적당히 넘겨가며 생각나는 대로 주절거렸다. 한 달 전에 다녀가신 둘째 할머니와 고모를 떠올리며 쓰지 않은 일기를 읽었다. 공교롭게도 그 주에는 비가 오지 않았기에 날씨는 날마다 '맑음'이라고 했다.

이상한 느낌이 들어 옆을 보았다. 교단 위에 계시던 선생님이 어느새 내 곁에 와 계셨다. 머릿속이 멍해지며 몸속에서 피가 새 나가는 것 같았다. 입을 다물었다. 몇 초 동안의 그 시간이 무척 길게 느껴졌다. 선생님이 그만 읽으라 하고 칠판 앞으로 가셨다. 고개를 들 수 없도록 부끄러웠다. 빈 공책 장을 넘겨가며 어쩌고저쩌고 나불댔으니 정직하지 못한 아이라고 찍혔을 게 분명했다. 그런데도 선생님은 내 엉뚱한 짓에 대해 한 말씀도 하지 않으셨다. 교장 딸이어서 봐 주셨을까.

가을 운동회를 앞둔 운동장 조회 때였다.

"볏짚을 낸 어린이는 들어가고, 아직도 가져오지 않은 어린이는 그대로 남아 있어요!"

마감 날짜가 지난 것을 상기시키며 아버지가 그러셨다. 볏짚을 낸 아이들은 줄을 지어 교실로 들어가고, 그렇지 않은 아이들은 운동장에 서서 '잔소리'를 들어야 했다.

보름 전 운동장 조회 때 아버지는 짚을 한 단씩 가져오라고 하셨다. 줄다리기 할 밧줄을 만들기 위해서였다. 추수 끝난 농촌에서 볏짚 한 단씩 가져 오는 것은 어려운 일이 아니었다. 그러나 귀찮거나 잊어버려서 정한 날짜가 되어도 가져오지 않은 아이들이 많았다. 나는 '우리는 농사를 짓지 않으니 내지 않아도 된다.'고만 생각했지, 전교생이 보는 앞에서 우세당할 일이 생길 줄은 몰랐다. 아버지도 그 일에 대해 아무 말씀이 없으셨다.

"넌 들어가."

담임선생님이 내 옆을 지나면서 작은 소리로 빠르게 말씀하셨다. 하지만 나는 내가 볏짚 내지 않은 것을 반 아이들이 다 알 것 같아 들어갈 수가 없었다. 3학년인 여동생을 쳐다봤다. 동생은 저희반 아이들과 시시덕거리며 교실로 들어가고 있었다. 동생도 볏짚을 내지 않았다. 내가 맹한 눈으로 쳐다보자 동생은 혀를 쏙 내밀며 웃었다. 볏짚을 내지 않은 게 분명한 조영숙 선생님네 세 아이들도 교실 행 줄에 끼여 있었다. 나만 덜 떨어진 꼴을 하고 있었던 것이다.

"쳇, 교장 딸도 안 냈나벼. 자기 딸도 안 냈으면서 뭘?"

아이들이 빈정거렸다. 그 말이 오래도록 귓가에 남아 있었다. 땅바닥을 내려다보며 생각했다. '진작 아무 집에나 가서 한 단 얻어다 낼 것을. 아버지까지 욕먹게 하지 않으려면 동생처럼 교

실로 가버렸어야 하는데. 아버지는 왜 어떻게 하라고 말해 주지 않으셨을까. 나는 왜 이리 어벙할까.'

모두 때늦은 후회였다.

# 오빠

겨울방학이 되자 오빠가 왔다. 충주에서 중학교를 다니고 있었는데 오가는 길이 멀고 험해 방학 때만 왔었다.

밖에서 들어오니 오빠가 두 다리로 화로를 감싸고 앉아 소설책을 보고 있었다. 에밀리 브론테의 『폭풍의 언덕』이었다.

"장차 이 나라를 양어깨에 짊어지고 나갈 젊은이가 요깟 추위에 벌벌 떨어?"

라디오에서 들은 소리를 써먹어 봤다. 멋지게 한방 날렸다고 생각했는데 오빠는 눈 하나 깜짝하지 않았다. 오히려 준비라도 하고 있었던 듯 거침없이 받아쳤다.

"와하하하. 이 나라를 양 어깨에 짊어지고 나가? 그런 말은 어디서 줏어들었니? 좋아. 그런데 이 나라를 어떻게 짊어지냐? 그리고 왜 짊어지냐? 짊어지고는 어디로 가냐?"

나는 대꾸할 말을 찾지 못했다. 예전이나 그때나 힘으로도 꾀로도 당할 수 없는 오빠. 봄이 되면 중2가 될 오빠는 날마다 소설책만 읽었다. 그 무렵 오빠가 읽던 책은 『삼국지』, 『대지』, 『테스』였던 것 같다. 자잘한 세로쓰기의 활자들이며 두툼한 분량에 질려 나는 읽어 볼 엄두도 내지 못했다. 엄마는 그런 오빠에게 공부는 언제 할 거냐며 걱정했지만 오빠의 성적은 상위권이었다.

# 송사를 읽다가

6학년 졸업식장에서 송사를 읽게 되었다. 담임선생님은 세로로 쓴 두루마리 원고를 주며 연습을 많이 해두라고 하셨다. '외워서 할 것도 아닌데 연습은 무슨!' 그러면서 두어 번 소리 내어 읽어 보는 것으로 그쳤다.

정작 걱정되는 것은 따로 있었다. 송사 읽을 때 목도 메고 눈물도 나와 줘야 할 것 같은데 그게 영 자신 없었다. 전학 온 지 1년밖에 되지 않아 헤어지기 섭섭할 만큼 정든 언니들이 없었기 때문이다. 말을 나눠 본 언니도 한둘에 불과했고, 마음을 뭉클하게 해 주는 구절도 없는 것 같았다. 그저 여러 사람 앞에서 또박또박 잘 읽을 자신만 있었다.

졸업식 전날 한 언니가 당부했다.

"너, 송사 읽다가 울지 말어. 네가 울면 우리 다 운다."

그 말을 들으면서도 '내가 울 일이 뭐 있겠어?' 했다.

졸업식 날. 교육청에서 고생고생하여 장학사님이 오시고, 동네 유지들과 학부형님들이 참석했다. 졸업생들은 걸상에 앉고 우리 5학년은 그들 뒤 마룻바닥에 앉아 있었다.

모두 일어서서 애국가를 제창한 다음 교가도 불렀다. 아버지가 작사·작곡한 것이어서 누구보다 열심히 불렀다.

풍류산 어린 정기 받아 이어서 한강수 맑은 물이 수주 이루고
무궁화 고이고이 피어난 터에 찬란한 새날 아침 팔봉에 뜬다
아아 거룩한 자연 품 안에 서광이 비춰온다 매현 건아들

반만년 역사 지닌 배달의 자손 새 나라 새 문화의 횃불을 들고
모여라 너도나도 배움의 터로 여명의 종소리가 대산 울린다
아아 슬기로운 어진 품 안에 희망이 자라난다 매현 건아들

백곡은 이 강산에 황금 이루고 슬기도 철을 따라 무르익으니
대한의 조무래기 자라는 터에 광명의 새 깃발이 휘날리누나
아아 화려한 조국 품안에 재건의 용사 되리 매현 건아들

내 차례가 되었다. 두루마리를 오른쪽으로 넘겨가며 침착하게 읽었다. 한 글자도 잘못 읽거나 다시 읽지 않았다. 그런데 어느 순간 목이 메었다. 발음도 꼬여 더듬거리기까지 했다. 예상 못 했던 일이다. 졸업생 언니 중 누가 짝사랑하던 남자 친구나 선

생님과 헤어져 집이나 들에서 일이나 해야 할 처지라 한들 내가 슬퍼할 일은 아니었다. 그런데 왜 그토록 감정이 북받쳤는지.

여기저기서 훌쩍이는 소리가 들렸다. 슬픔이 전염됐는지 우는 소리가 점점 더 커졌다. 언니들은 둘씩 셋씩 얼싸안은 채 서럽게 울었다. 헛기침을 하거나 눈물을 찍어 내는 내빈도 계셨다. 내 눈에도 눈물이 가득 고여 글씨가 제대로 보이지 않았다. 눈물이 앞을 가린다는 말을 처음으로 실감했다. 비로소 '외워뒀더라면' 하는 생각을 했다.

그때 맨 앞에 있던 남자 졸업생과 눈이 마주쳤다. 마치 '니가 우리와 뭔 상관있다고 우냐?' 하듯 생글생글 웃고 있었다. 웃는 그를 보자 슬픈 감정이 순식간에 가라앉았다. 머릿속이 맑아지고 눈앞이 환해졌다. 웃으라면 웃을 수도 있을 것 같았다. 남은 송사를 무난히 읽을 수 있었던 것은 그 졸업생 덕분이었다. 식이 끝난 뒤 언니들이 또 나를 부여잡고 울었다.

"울지 말라고 그렇게 말했는데 왜 울었니? 우리, 억지로 참고 있다가 너 땜에 다 울었어."

그러나 그것은 원망의 소리가 아니었다. 마음 놓고 울 수 있게 해 줘서 고맙다는 말로 들렸다. 세상에 태어나 남을 울게 한 맨 처음의 경험이었지 싶다.

# 배급 타러 가던 날

뙤약볕이 쏟아지던 여름. 담임선생님을 따라 흰 자루 하나씩을 가지고 월은고개를 넘었다. 5, 6학년이 동원되어 30여 리 밖에 있는 대소원국민학교로 분유를 타러 가는 길이었다. 학교 일을 보는 아저씨는 동네 총각 한 사람과 지게를 지고 따라나섰다.

유엔에서 한국 어린이들한테 분유를 보냈다고 했다. 각 학교까지 배달해 주는 것이 원칙이었지만 우리 학교는 자동차가 다닐 수 없는 곳에 있었다. 하여, 우리 몫을 신작로 옆에 있는 학교에 부려놓고 알아서 가져가라니 고학년들이 날라 와야 했다. 교통 좋은 곳에 사는 아이들은 편히 받아먹을 수 있는 것을 우리는 산골에 산다는 죄 아닌 죄로 생고생을 했던 것이다.

물 한 모금 마시지 못했다. 기진맥진 산을 넘고 내를 건너 교문 앞에 다다랐을 때는 모두 잘 익은 토마토 같은 얼굴을 하고 있었다. 다 왔다는 안도감에 한숨 돌리고 검붉은 얼굴 가득 웃음꽃을 피우며 조잘조잘 이야기도 나누었다. 그러나 교문을 들어서자마자 안도의 한숨은 거친 호흡으로 변하고, 조잘거리며 웃던 얼굴은 분노와 증오로 더욱 상기되었다.

"거지새끼들, 동냥 얻으러 온다!"

대소원국민학교 아이들이 일제히 창문을 열어 제치고 함성을 질러댔기 때문이다. 4, 50명 남・녀 아이들이 허연 자루를 어깨에 걸치거나 손에 들고 들어서는 꼴이 우습기도 했을 것이다. 변변한 옷인들 있었으랴만, 좋은 옷 입을 필요도 없는 날이었으니 몰골들이 더 후줄근하게 보였을 것이다.

남자 아이들이 걸음을 멈추고 주먹을 흔들며 노려보았다. 돌을 집어 드는 아이도 있었고, 당장 교실로 쳐들어갈 듯 흥분하는 아이도 있었다. 불미스러운 일이 일어날까 걱정됐는지 인솔자 선생님이 엄한 표정으로 단속하셨다.

"잠자코 선생님만 따라와!"

대들어 싸워서도 안 되고 포기하고 돌아갈 수도 없는 일이었다. 창고에 가서 우리 학교 몫의 분유를 각자의 자루에 담았다. 가져갈 수 있을 만큼 받으라 하니 그게 다 제 것이 되는 줄 알고 욕심껏 달라는 아이들도 있었다. 왔던 길 30여 리를 되짚어 가서 학교에 내놓고 다시 배급을 타야 한다는 것을 아는 아이들은 될 수 있는 대로 적게 받으려 했다. 소사 아저씨는 남은 우유를 통째 졌다.

교문을 나서자 이번에는 행인들 시선이 우리를 따라다녔다. 오가는 버스 안의 승객들도 어이없는 진풍경에 고개를 빼고 내다보았다. 왕초쯤으로 보였을 선생님과 똘마니들로 보였을 수십 명 아이들. 쌀자루 같은 것을 짊어지거나 이고 가는 광경을 보고, '웬 거지들이 저렇게 집단으로 몰려다니나.' 했을 것이다. 그날 우리는 오나 가나 구경꺼리였다. 몇 개의 마을을 지나갈 때도 다들 희한하다는 눈으로 쳐다보았다. 날씨는 덥고 목은 마르고 배도 고픈데 거지 취급까지 받았으니 짜증이 나도 보통 난 것이 아니었다.

산길로 들어섰다. 빈손으로 갈 때도 다리가 아프니 어떠니 투덜거렸는데, 서너 됫박씩 퍼 담은 분유 자루까지 이고 지고 가려니 지칠 대로 지쳤다. 선생님도 마을 총각도 소사 아저씨도 다들 고생이었다. 중턱에 이르자 아이들이 숲속으로 뿔뿔이 흩어졌다. 소변을 보러 가나 보다 하며 나도 볼일을 보고 나왔다. 그러나 숲으로 들어간 아이들 중 절반 정도는 좀체 나오지 않았다.

나는 선발대에 끼여 고개를 올라갔다. 분유 자루를 이거나 지고 좁은 가풀막 오르는 아이들이 먹이를 끌고 가는 개미떼처럼 보였다. 학교에 도착하여 땀을 식히고 있으려니 뒤처졌던 아이들이 입언저리를 하얗게 분칠하여 돌아왔다. 소맷부리로 닦느라고 닦았겠지만 흔적을 다 지우지 못했다. 선생님이 분유통을 세워놓고 각자

배급 타온 것을 쏟아 부으라고 하셨다. 자기가 힘겹게 가져왔으니 전부 제 것이라는 듯 불평이 이만저만 아니었다.

“1, 2, 3, 4학년 동생들도 줘야지. 너희들은 형님들이라 수고한 거야. 늬들이 가져온 것은 다 늬들 거라고 누가 그러던?”

선생님이 그렇게 말씀하셔도 몇몇 아이들은 여전히 구시렁구시렁했다. 이해를 한다 해도 골이 잔뜩 나 있었다.

“이놈들! 아까 대소원학교에서 받을 때는 자루가 그들먹했는데 왜 요것밖에 안 되냐? 오다가 다 먹었느냐?”

“아니유. 하나두 안 먹었어유. 그대로인데유?”

입가에 허연 가루가 묻어 있는데도 눈을 뚱그렇게 뜨고 도리질하는 아이들. 먹었다 해도 나무랄 선생님들이 아니셨지만 아이들은 한사코 부정했다. 먹으면 얼마나 먹었으랴. 짐을 덜기 위해 쏟아버린 것이 더 많았는지도 모르겠다. 잡아떼는 아이들이 안됐던지 선생님들은 껄껄 웃고 마셨다.

문제는 거기서 끝나지 않았다. 집에 가서 식구들과 맛있게 끓여 먹으라며 전교생에게 골고루 나누어 주었지만 제대로 먹은 아이들이 별로 없었던 것 같다. 물과 분유의 비율이나 온도를 맞추는 것도 어려웠겠지만, 처음 먹는 음식이다 보니 소화가 안 되어 고생만 했다는 아이들이 태반이었다.

양은 도시락에 분유와 물을 섞어 중탕했더니 딱딱해서 꺼낼 수도 없더라는 아이, 칼과 망치를 이용해서 겨우 꺼내어 한 덩어리씩 먹어 보려 했지만 이빨도 들어가지 않더라는 아이, 버릴 수 없어서 핥아먹어 봤지만 아무 맛도 없더라는 아이, 아궁이에 들이밀고 끓이다가 멀쩡한 '벤또'만 태워 먹었다고 엄마한테 혼났다는 아이, 왕복 60여 리를 걷느라 병이 났다는 아이, 거지새끼들이라는 놀림을 받아 창피해 죽을 뻔했다고 울던 아이, 유엔은 왜 우유가루를 보내어 우리만 힘들게 했는지 모르겠다며 식식거리던 아이들…….

쓰디쓴 추억이다. 오지 중의 오지. 벽지 학교로 지정받기도 전의 이야기다.

# L 선생님 · 1

5학년을 마친 봄방학. 전학 온 지 1년 되는 날이었다. 텅 빈 운동장 벤치에 앉아 옛 친구들을 생각하고 있었다. 언니처럼 서그럽고 친절하던 춘희, 살결 뽀얗고 웃는 모습 예쁘던 향순이, 공부 잘하고 말이 없던 만근이, 언니가 영화배우라며 자랑하던 성례, 서 있어도 앉아 있는 것으로 오해받던 옹례와 문영이들을.

"야, 너 이리 와 봐!"

소리 나는 쪽을 보니 직원실 앞에 낯선 분이 서 계셨다. 새로 오신 선생님인가보다 하며 냉큼 달려갔다.

"몇 학년이냐?"

"6학년 될 건데유."

"6학년 될 애가 왜 공부는 안 하고 멍청히 앉아 있냐?"

서른아홉 살이던 아버지보다 몇 년 젊어 보이던 선생님. 말을 하실 때마다 삼뿌라찌 앞니 몇 개가 눈에 들어왔다. 한 손에는 담배 한 개비를, 다른 손에는 작은 성냥갑을 들고 계셨다.

"집이 어디냐?"

"저기……. 사택에 사는데유."

"그래? 그럼 얼른 가서 여기다 성냥 열 개비만 담아 와라. 열 개비다, 열 개비."

선생님 눈매가 날카롭다 싶었다. 목소리에도 냉기가 묻어 있는 듯했다. 한달음에 부엌으로 뛰어갔다. 육각형 성냥갑에서 한 줌을 꺼내어, 흰 새가 날고 있는 삼학표 빈 갑에 담았다. 서둘러 대문을 나서다가 선생님이, '열 개비다 열 개비' 하던 생각이 나서 다시 부엌으로 들어갔다. 가득 담았던 성냥 알을 덜어내고 열 개비만 세어서 넣었다. 별것도 아닌 것으로 잘 보이려 한다는 오해를 받기도 싫었지만, 열 개비를 강조한 데에는 그만한 이유가 있을 것 같아서였다. 대문 밖 우물 앞까지 갔는데 또 찜찜했다. 암만해도 선생님이, '인심도 고약하구나. 그래, 열 개비 가져 오란다고 딱 열 개비만 가져 오냐?' 하실 것 같았다. 또다시 부엌으로 뛰어갔다.

"너, 왜 자꾸 부엌을 들락거리는 겨?"

방에서 엄마가 내다보셨다. 대꾸하지 않았다. '필요 없으면 버리시겠지.' 선생님의 성냥갑을 반쯤 채워 가지고 나왔다. 늦었다고 화내실 것 같아 대문 밖 돌층계를 엎어질 듯 고꾸라질 듯 달려갔다. 직원실 앞까지 헉헉대며 뛰었다. 아니나 다를까, 선생님은 아까보다 더 짜증스러운 얼굴로 서 계셨다.

"왜 이렇게 늦냐? 그깟 성냥 열 개비 가져오라는데."

담배를 입에 물고 며박는 소리를 하셨다. 선생님이 성냥갑 여는 것을 보며 꾸벅 인사하고 돌아섰다. 그때 뒤통수에 와 닿는 말씀.

"넌, 하나 둘도 못 세냐? 열 개만 가져오랬는데 왜 이렇게 많이 가져왔니? 성냥이 많으면 통째로 하나 가져오든지!"

돌아서서 선생님을 쳐다봤다. 물었던 담배를 빼들고 쥐어박듯 하시는 선생님의 말투와 표정. 그때까지 내가 만난 어떤 선생님들과도 달랐다. '그냥, 성냥 좀 가져와라 하면 될 것을 열 개비는 뭐고 통째는 뭐랴?' 헷갈리게 하는 선생님이 못마땅했다. 모자란 애 취급을 하는 것 같아 불쾌했지만 아무 말 하지 않았다. 내 행동이 아버지를 곤란하게 할 수 있다는 생각을 해서였다. 선생님은 신경질적으로 성냥을 그어 담배에 불을 붙이더니 볼이 홀쭉해지도록 빨아들이셨다. 얼굴 중앙에 쌍 굴뚝이 만들어졌다.

"가 봐!"

가주고개를 넘어 오던 날 아버지가 하던 말씀이 생각났다.

"매현학교 선생님들은 올 때도 울고 갈 때도 우신단다. 올 때는 산골 학교로 발령 난 게 서러워서, 갈 때는 그동안 정이 들어서."

선생님도 궁벽하기 이를 데 없는 첩첩산골로 오게 돼 화가 나셨나보다 했다. 그렇더라도 나를 화풀이 대상으로 삼는 선생님이 미웠다. 나중에 안 일이지만 그때 선생님은 병약한 사모님과 미취학 남매를 데리고 부임하셨는데 제대로 된 방을 구하지 못한 상태였다. 갓 국민학교를 졸업한 딸과 이제 4학년이 되는 딸 둘만 데리고 사는 과수댁 집 곁방 하나를 어렵사리 얻을 수 있었던 것도, 그곳이 고향인 이백신 선생님이 몇 번씩 찾아가 구구사정 한 덕분이라고 했다. 그런 상황이었으니 선생님 심기가 편했을 리 없었을 것이다.

# L 선생님 · 2

6학년이 되었다. 하필이면, 성냥 열 개비만 가져오라던 L 선생님이 담임이 되셨다. 선생님은 수업 지도를 철저하게 하는 만큼 상벌도 엄격히 하셨다. 공부 잘하는 아이와 못하는 아이를 대하는 스타일이 두드러지게 달랐다. 불같은 성격만큼이나 실력도 있는 분 같았다. 싸늘한 인상, 눈빛이 까치살모사 같았다. 어쨌든 대부분의 아이들이 무서워했듯이 나도 살쾡이의 사정거리 안에 든 토끼 같았다. 선생님은 뭐든지 잘하는 연년생 남매, 이호순과 이호성 덕분에 그나마도 수업할 맛이 나셨을 것이다. 선생님의 봄바람은 그 아이들한테만 불지 않았을까 싶다.

체벌이 심했다. 칠판에서 문제를 못 풀어도, 시험 점수가 시원찮아도, 옷차림이 단정치 않아도, 전날 청소를 대충 해놓고 갔어도, 숙제를 하지 않았거나 한 둥 만 둥 했어도, 누가 누구와 싸웠다는 말만 들어도 매질을 하셨다. 여자 아이들은 가르침대로 손바닥이나 종아리를 맞는 정도였지만, 남자 아이들은 가르침대로 머리를 맞거나 엎드려뻗쳐 자세로 엉덩이를 맞거나 발길질을 당했다. 그게 다가 아니었다. 일명 '종치기'라고 하던, 한쪽 뺨을 맞고 쓰러질 듯하면 곧바로 다른 쪽 뺨을 때려 비틀거리기만 할 뿐 쓰러지지 않게 하실 때도 있었다. 그럴 때 당사자는 말할 것도 없었겠지만 보고 있는 아이들도 숨을 크게 쉴 수 없었다.

선생님은 가족한테도 친절하고 자상하지 않을 것 같았다. 좀체 웃는 얼굴을 볼 수 없었다. 선생님 가까이에 있으면 왜 그런지 공포 분위기, 살얼음판을 건너는 느낌이었다. 꼬투리 잡히지 않기 위해 늘 긴장했다. 방과 후 교정 어디에서 선생님을 보면, 아니 먼빛으로 옷자락만 보아도 기겁을 했다. 숨을 수 있으면 그나마 다행이었는데 맞닥뜨리면 숨이 멎을 것만 같았다. 그때까지 여러 선생님을 보아 왔지만 L 선생님처럼 오금 못 쓰게 하는 분도 계시다는 것을 처음 알았다.

1학기 중간고사 전날이었다.

"내일 중간고사 알지? 션찮은 놈들은 각오해. 중학교 갈 놈들은 특히!"

그날 오후, 해가 졌는데도 아버지가 퇴근하지 않으셨다. 엄마가 시키는 대로 아버지한테 가서 저녁 잡수시라 말하고 나오다가 시험지 뭉치를 든 선생님과 마주쳤다. 아버지는 교장실이 따로 없어서 다른 선생님들과 함께 직원실을 쓰고 계셨다. 지은 죄도 없이 주눅 들어 하는 내게 선생님이 매서운 눈과 뾰족한 말투로 말씀하셨다.

"넌 왜 직원실을 들락거리냐?"

"아버지 저녁 잡수시라고……."

말끝을 제대로 여미지도 못했다.

"낼 시험인 거 몰라? 쏘댕기지 말고 공부나 해!"

나를 위해 하신 말씀이었을 것이다. 그러나 좋은 뜻으로 들리지 않았다. 더구나 직원실 바로 앞이었으니 아버지도 다른 선생님들도 들으셨을 것이다. 나는 내가 꾸중 들어 기분 나쁜 것보다 아버지가 무안하실 것 같아 민망했다. 감정의 교류는 대체로 쌍방 통행이어서 내가 선생님을 싫어하기 때문이었는지 선생님도 나를 미워한다는 생각만 들었다. 그것도 모르고 아이들은 교장 딸이라고 봐줄 거라느니 귀여워할 거라느니 하며 삐죽거리기 일쑤였다.

11월. 바람이 스산하게 부는 초저녁이었다. 운동장이 떠들썩하여 나가 보니 선생님이 누구와 다투고 계셨다. 근처에 사는 이들이 다 모인 듯했다. 상대는 기성회장님.

"가난한 집 애들한테까지 기성회비를 거둬야겠소?"

남방셔츠 소매를 걷어 올리며 선생님이 소리 지르셨다.

"많든 적든 다 받아야 하오. 몇 집 빼고는 사는 게 다들 그렇고 그런데, 누구한테는 받고 누구한테는 안 받소?"

마흔 살이 훨씬 넘었을 기성회장님도 목소리에 힘을 주었다. 선생님이 그의 멱살을 움켜쥐셨다. 사람들이 웅성거렸다. 말리는 이들이 없었으면 불상사가 벌어졌을지도 모른다. 선생님은 사람들이 저만큼 떼어 놓은 어둠 속의 기성회장님을 향해 삿대질을 하며 여전히 고함치셨다. 그래도 분이 안 풀리는지 손목시계를 끌러 운동장에 패대기치기까지 하셨다.

"하이고, 저 선생 승질 여간 아니네."

"개할애비구먼. 자기 시계만 작살나부렀지."

"전 핵교서도 승질 자랑하다 쫓겨났을 겨."

"뻔혀. 이빨도 싸우다 해 먹었을 거구."

"저래 갖고 선생질 워떠케 해 먹는지 몰러."

"그래서 고만둔 애들도 있다잖어?"

"마누라하고 새끼들한테는 잘할까?"

"잘할 턱이 있겠어?"

다들 혀를 내둘렀다. 기성회비 감해 주라고 따져 주면 고마워할 것 같은데, 선생님이 타관사람이어서 그랬는지 오히려 기성회장님 편을 드는 분위기였다. 나는 멀찍이 느티나무 뒤에 숨어서 붉으락푸르락할 선생님을 보고 있었다.

이튿날 선생님이 자꾸 쳐다보였다. 간밤에 폭음이라도 하신

듯 안색이 창백하셨다. 비어 있는 왼쪽손목도 허전해 보였다. 수업 시간에는 칠판 가득 판서를 해 놓고 창밖만 내다보셨다. 음악 시간에는 가곡집을 뒤적이며 풍금만 칠 뿐 우리를 쳐다보지도 않으셨다. 평소에도 유쾌하고 다정다감하지는 않았지만 그날은 특히 더 우울하고 쓸쓸해 보이셨다. 11월 날씨 같았다.

# 명자

명자가 자기네 집에 놀러 가자고 했다. 학교에서 2㎞쯤 떨어진 수주에 살고 있었다. 몇 안 되는 우리 반 여자 아이들이 거의 다 갔다. 집에는 아무도 없었다. 모두 들일을 가셨으리라. 명자는 우리를 구석진 방으로 안내했다. 자기 혼자 쓰는 방이라고 했다. 천장 밑에 시렁을 여러 개 만들어 살림살이들을 얹어놓고 있었다. 작고 초라한 방이었지만 독방이라니 부러웠다. 벽에 걸린 옷은 명자의 것일 텐데 학교에서는 본 적 없는 아가씨 스타일의 옷이었다.

명자는 나보다 한 살인지 두 살 많았지만 키도 작고 연약해 보였다. 합죽이었고, 노란색에 가까운 고수머리에 얼굴은 아이답지 않게 겉늙었다. 학교에서는 잘 몰랐는데 손바닥과 발바닥 전체가 심하게 갈라진데다 그 수많은 틈 사이사이로 피가 발갛게 비쳤다. 너무 놀라 심장이 불안하게 뛰었다. 더구나 그 손으로 바쁜 엄마를 대신하여 집안 살림을 다 하고, 그 발로 먼 길 걸어 학교에 다닌다는 것이 믿어지지 않았다. 전에도 후에도 명자 같은 손과 발을 가진 사람을 본 적이 없다.

명자가 삶은 감자를 내 왔다. 우리는 감자를 먹으며 이런저런 얘기를 했다. 누군가가 '성령'이라는 말을 꺼냈다. 아마도 교회에 열심이던 순이가 그랬을 것이다. 성령을 받으면 집안이 잘되고 무슨 일이든 힘이 안 든다고 했다. 명자가 진지하게 듣더니 자기도 성령을 받아 보고 싶다고 했다. 명자가 그때 종교가 있었는지, 있었다면 무슨 교를 믿었는지 모르겠다. 다만 어떻게 하면 성령을 받을 수 있느냐고 유난히 관심을 보인 것만은 확실하다.

"무릎 꿇고 앉아서 손바닥을 마주잡고 눈을 감아봐. 그리고 성령님 오시기를 간절히 바라는 마음으로 기도해 봐. 그러다 보면 온몸이 뜨거워지고 손이 흔들릴 거여. 손이 흔들리는 것은 성령님이 오셨다는 증거여."

"성령님이 오시면 그 다음엔 어떻게 햐?"

"바라는 것들을 기도해. 다 들어 주실 거여."

우리는 순이 쪽으로 다가앉으며 이렇게 하면 되느냐고 흉내를 냈다. 그때 어떤 친구의 손이 앞뒤로 흔들리는 걸 본 순이가 말했다.

"일부러 흔드는 건 소용없어. 진실한 마음으로 기도를 해 봐. 그리고 나는 아직 못 해 봤지만 기도가 깊어지면 성령 춤도 춘다."

나도 무릎 꿇고 앉았다. 두 손을 모아 가슴에 대고 기도하는 마음으로 있어 보았다. 아무 반응도 오지 않았다. 성급해서인지, 믿음이 약해서인지, 의심하는 마음 때문인지 눈을 감고 있는 게 지루하기만 했다. 실눈을 뜨고 친구들을 보았더니 놀랍게도 대부분 손을 흔들고 있었다. 나는 혼자만 안 되는 것에 열등감이 느껴져 마음대로 몇 번 흔들어 보다가 벽에 기대어 구경만 했다.

얼마쯤 지나자 친구들이 하나 둘 눈을 떴다. 제풀에 지친 것 같았다. 순이도 멈췄다. 명자만 아직도 단정한 자세로 앉아 기도인지 주문인지 중얼중얼하며 손을 흔들고 있었다. 그 움직임이 점점 빨라지더니 손이 보이지 않을 정도가 되었다. 우리는 호기심 어린 눈으로 명자의 그런 모습을 구경했다.

"얘, 너도 저절로 손이 흔들렸니?"

옆에 앉은 친구한테 속삭였다. 친구는 웃기만 했다. 그때 명자가 벌떡 일어나더니 덩실덩실 춤을 추었다. 눈은 여전히 감은 채였다. 천천히 한들한들 추던 춤사위가 점점 빨라지며 힘이 실리기 시작했다. 할머니들의 어깨춤도 아니고, 동생이 앞뒤로 돌면서 한들한들 추던 재롱과도 달랐다. 명자는 방안을 휘젓듯이 돌아다니며 춤을 추었다. 나는 '재가 언제부터 저렇게 춤을 잘 췄나?' 하며 구석으로 피해 앉았다. 나중에는 모두 일어서서 벽에 붙어 있었다. 무아지경. 명자의 얼굴에 핏기가 가셨다. 그만큼 몸을 흔들었으면 얼굴이 벌개져야 할 것 같은데 오히려 창백했다. 희끄무레한 제 저고리 색 같았다.

"재 말려야 하는 것 아녀? 저러다 쓰러질 거 같어!"

내가 걱정스레 말했다. 순이는 잠자코 보고만 있었다. 그때 명자가 풀썩 엎어졌다. 공중을 날던 새가 깃을 치며 내려앉는 것 같았다. 작은 움직임도 없었다. 명자를 흔들려고 했지만 저절로 정신을 차릴 때까지 놔둬야 한다고 순이가 말렸다. 명자한테 성령님이 오신 게 사실이든, 괜히 장난치는 것이든 나는 기분이 이상해져서 나가고만 싶었다. 그러나 혼자만 그럴 수도 없어서 우물쭈물하고 있는데 명자가 상체를 일으켰다. 천연덕스러운 얼굴, 아픈 것 같지 않아 마음이 놓였다. 희미하게 웃기까지 했다. 명자도 우리도 아무 말 하지 않았다. 명자가 저녁밥 지어야 한다며 일어서서 우리도 집으로 돌아갔다.

순이와 매산으로 오며 궁금한 게 많았다. 명자는 무슨 기운으로 그렇게 춤을 췄을까, 전에도 춤을 춰본 적이 있었을까, 손가락 하나 어깻짓 한 번 움직인 것도 모두 성령님 영향이었을까, 정신은 말짱한 것 같았는데 왜 쓰러졌을까, 기진맥진해서 저절로 쓰러졌을까, 쉬고 싶어서 일부러 쓰러진 척 했을까, 기분은 좋았을까……. 궁금한 게 많았지만 무식하다고 할 것 같아 아무것도 묻지 않았다.

집에 와서도 생각했다. 예수님을 믿으려면 꼭 성령을 받아야 하는지, 성령 받지 않고 교회 다니는 것은 헛것인지. 다음날 명자가 학교에 오면 물어보리라 했다. 그러나 명자는 그날 이후 다시는 볼 수 없었다. 집안일 때문에 학교를 그만둔다는 소식이었다. 그러고 보면 더 이상 학교 못 다닐 것을 알고 마지막 정을 나눈 것인지도 모르겠다. 열서너 살 명자가 그토록 간절히 성령님의 도우심을 바란 까닭은 무엇이었을까. 그날 성령 체험한 것이 사실이었는지, 그 후 다 좋아졌는지 늘 궁금했다.

# 어리버리 선두

운동회는 재학생들만의 잔치가 아니었다. 학구 내 친교의 장, 부락과 부락의 잔치이기도 했다. 운동하는 것을 싫어하던 나는 운동회도 좋아하지 않았다. 그렇다고 빠질 수도 없는 일. 생각만 해도 밥맛이 없었다.

그해 운동회 종목 중 가장 싫었던 것은 달리기와 행진이었다. 화약 냄새 진동하는 딱총 소리만 들어도 오금이 굳던 터여서 만인들 앞에 어벙한 움직임을 보여야 하는 것도, 6학년 여자 어린이 중에서 키가 제일 크다는 이유로 전교생 행진 때 여학생 선두를 맡게 된 것도 불만이었다. 담임선생님이 무서워서 하기 싫다는 말도 할 수 없었다.

운동회 날이 다가올수록 점점 더 불안했다. 아무도 없는 저녁이면 횟가루 뿌려 놓은 운동장으로 나가 달리기 연습도 해 보고 행진 코스도 걸어 보았다. 그러나 몇 번을 달려 봐도 속도는 늘 그 타령이고 행진 코스도 여전히 헷갈렸다. 나의 그런 모습을 누가 봤다면 '저렇게 연습하고 있으니 달리기도 행진도 잘하겠다.'고 생각했을 것이다. 하지만 나는 가슴만 조였다.

우리 반은 재수생 박예숙을 합쳐도 여학생이 여섯밖에 안 되었다. 그래서 선생님은 달리기를 할 때마다 한꺼번에 뛰라고 하셨다. 꼴찌는 언제나 그 애와 내가 했다. 집안 사정으로 곧장 중학교에 가지 못한 박예숙은 몸집이 작고 얼굴이 예뻐서 깍쟁이처럼 보였으나 온순하고 말이 없었다. 그 애 아버지도 어느 국민학교 교장선생님이라고 했다.

운동회 날이 되었다. 우리 반 여자 달리기 차례. 뛰는 것도 딱총소리도 싫었다. 운동장을 한 바퀴 돌아야 했다. 출발선에 있을 때는 가슴이 두근거리다 못해 심장이 터져 나올 것 같았다. 신호를 기다리던 그 몇 초 동안이 두렵고 무서워 쓰러질 것 같았다. 깃발로 신호를 하면 좋을 텐데 왜 냄새도 고약하고 소리도 듣기 싫은 화약총을 사용하는지.

푸른 연기를 피워 올리며 화약이 터졌다. 아이들이 튀어 나갔다. 나는 총소리에 놀라 오히려 주춤했다. 예숙이도 그랬던 듯 우리는 비슷하게 출발했다. 네 명의 친구들은 앞서거니 뒤서거니 달려가고, 예숙이와 나만 한참 떨어져 걷는 듯 뛰었다.

"박 교장 이겨라!"

"정 교장 이겨라!"

"아무나 이겨라!"

응원소리와 웃음소리가 왁자했다. 박예숙이 응원에 힘을 받았는지 나를 앞지르기 시작했다. 나는 마음만 급할 뿐 예숙이와의 거리가 점점 벌어졌다. 예숙이가 잘 달렸다기보다는 내가 어기적거린 것이다. 운동장을 반쯤 돌았을 때 왜 그랬는지 뒤를 돌아보았다. 구경하던 이들이 폭소를 터뜨렸다. 그 웃음소리가 나 때문이라는 것도 몰랐다.

"뭘 보냐? 니가 꼴찌여."

"네 뒤에 누가 또 있을 거 같냐?"

다음은 전교생 행진 시간. 양손에 작은 종이 태극기를 한 개씩 들고 빗장뼈에 댔다. 선생님의 호루라기 소리에 맞춰 보무당당히 걸었다. 출발 지점에서 어디까지는 남·녀 어린이들이 나란히 걸었다. 잠시 후 남자 어린이들은 왼쪽으로, 여자 어린이들은 오른쪽으로 걸었다. 횟가루가 한 줄일 때는 아무 걱정 없었다.

저만큼, 횟가루 뿌려 놓은 줄이 복잡하게 보였다. 그곳이 가까워질수록 조마조마했다. 남자 선두는 태연하게 잘만 걸어가고 있었다. 슬쩍 뒤를 돌아보니 1학년부터 6학년까지의 여자 아이들이 줄줄이 따라오고 있었다. 그 아이들은 앞 사람만 따라가면 되므로 즐거웠을 것이다. 반면 극도로 긴장한 나는 동화책에 나오는 '가랑잎모자라'를 쓰고 도망치고 싶었다.

횟가루가 어지러운 줄 앞에 이르렀다. 의젓하게 걸어가는 남자 선두. 나도 어느 줄 하나를 따라 걸었다. 아니나 다를까, 날카롭게 들려오는 호루라기 소리. 또 터지는 구경꾼들의 폭소. 멈췄다. 창피하기는 했지만 차라리 잘됐다는 생각이 들었다. 호루라기를 불며 뛰어온 선생님이 내 팔을 낚아채어 어떤 줄 앞에 세우셨다.

고개도 못 들고 진땀만 흘리던 그날. 아, 나는 지금도 그 짧고 긴 시간 속에 머물러 있는 기분이다.

# 매산 시절

자고 나면 콧속이 까맸다. 앉은뱅이책상이 있었지만 방바닥에 엎드려서 공부하는 버릇이 있던 내가 등잔을 방바닥에 내려 놓고 심지를 자꾸 올렸기 때문이다. 태어나서 그때까지 줄곧 등잔불 밑에서 살았지만 밤만 되면 아무것도 하기 싫었다. 마루 기둥 높직이 남포등을 달고 방에는 굵은 촛불을 두 개씩 켜놓는 제삿날이 제일 좋았다.

늦가을, 아버지를 따라 군불용 장작을 사러 간 적이 있다. 동네를 벗어난 산자락에 참나무 장작이 반듯하게 쌓여 있었는데 주인이 줄자를 가지고 가로 세로 높이를 재서 값을 매겼다. 그 한쪽에는 짧게 토막 낸 통나무도 있었다. 아버지는 장작 패는 일에 자신이 없으셨는지 굵게 또는 가늘게 쪼갠 장작을 사면서 군불용 절단목도 한 짐 실하게 샀다. 싸리나무·고춧대·담뱃대

궁. 참깨와 들깨 대궁은 거저 얻었지 싶다.

아버지는 우리 집 군불 담당이셨다. 몇 갈래로 고래를 놨어도 저녁밥 지어먹은 온기만으로는 한밤을 지낼 수 없었다. 엄마가 저녁 설거지 끝낸 서너 시간 뒤이면 아버지가 '아망구'라고 하던 털모자를 쓰고 아궁이 앞에 앉으셨다. 나는 그 옆에 쪼그리고 앉아 낮에 있었던 이야기를 조잘거리며 아버지가 불붙이시는 걸 구경했다. 팔을 쭉 뻗어 투박한 장작 몇 개를 고래 안쪽에 기대어 놓고, 중간 정도로 쪼갠 장작과 가늘게 쪼갠 장작을 얼기설기 걸치셨다. 그 밑으로 삭정이나 관솔을 엉성하게 넣고, 맨 밑바닥에는 잘 마른 가랑잎이나 솔잎 등을 소복하게 깔고 성냥을 그으면 가벼운 것부터 시작하여 굵은 장작들로 불길이 서서히 옮겨 붙었다.

불땀이 성해졌다 싶으면 아버지는 쪼갬목 위로 절단목 두어 개를 밀어 넣고 손을 터셨다. 그것들은 은근하게 타올라, 추운 겨울밤 우리를 포근히 잠들 수 있게 해줬다. 장작을 수북하게 겹쳐놓아 바람이 통하지 않게 하면 불이 잘 붙지 않고, 잘 타고 있는 것을 공연히 휘적거려 놓으면 꺼져 버린다는 것도 그때 알았다. 아버지는 당신이 지펴놓은 군불을 아무도 손대지 못하게 하셨다. 내가 동생과 같이 쓰던 윗방은 아궁이가 마루 밑에 있어서 아버지는 안팎으로 다니시며 불을 때셨다. 유난히 추운 날이면 주무시다 말고 한 번 더 장작을 넣어주셨는데, 잠결에 그 기척을 들으며 나는 행복한 꿈속으로 빠졌다.

# 안녕!

1961년(단기 4294년) 3월. 매현국민학교 15회 졸업생이 되었다. 남학생 11명, 여학생 5명.

5학년 초만 해도 30명이 넘었던 것 같은데 절반 정도가 중퇴했다. 남자 아이들은 부모님 따라 농사짓느라, 여자 아이들은 농사짓는 부모님을 도와 집안 살림을 하기 위해서였다. 먹고살기 힘든데 공부는 해서 뭐 하느냐는 이도 있었을 것이다.

졸업식 전날, 열 분의 은사님들을 모시고 교실에서 사은회를 했다. 처음 해보는 '쫑파티'였다. 책걸상을 기역자로 놓고 한쪽에는 선생님들이, 한쪽에는 우리가 앉았다. 시루떡과 막과자와 노란 설탕물을 먹고 마셨다. 선생님들이 지목하시는 대로 노래도 한 곡씩 불렀다. 평소 수줍음만 타던 아이들도 그날만큼은 기다렸다는 듯 망설이지 않았다. 음정이나 박자를 잘 맞추지는 못해도 노래 부르

는 것을 좋아하던 나는 애창곡 '사우(思友)'를 불렀다. 그런데 중간에 가사를 잊어버려 쩔쩔맸다. 김옥실 선생님이 뒤를 이어 멋지게 불러주셔서 오히려 좋았다. 그날 여자 아이들은 음악 시간에 배운 것을, 남자 아이들은 대부분 동네 사랑방에서 주워들었음 직한 유행가를 뽑아댔다.

남자 아이들이 부른 노래 중, "돈 떨어져 신발 떨어져 담배꽁초마저 떨어져…", "석탄 백탄 타는 데는 연기만 펄펄 나는데 이 내 가슴 타는 데는 연기도 김도 안 난다.", "신랑 신부 놀러 가는데 다꾸시가 놀고요…"는 처음 듣는 노래였다. 뜻이나 알고 불렀을까. 남자 선생님들은 소리 내어, 여선생님들은 손바닥으로 얼굴을 가리고 웃으셨다.

내가 공부하던 2년 동안에는 선생님들이 열 분 계셨다. 제대하고 복직한 분, 초임발령 받은 분, 승진한 분. 혹시 좌천당해 오신 분도 계셨는지 모르겠다. 아버지는 피난지였던 보은군에서 7년 만에 고향 관내로 수평 이동된 처지였으니 좌천이랄 수도 영전이랄 수도 없었다.

타지에서 오신 선생님들이 하숙방이나 자취방을 구할 수 없어 고충이 컸던 것으로 안다. 어찌어찌 잠자리는 구했다 해도 식사할 만한 곳이 없는 선생님들은 우리 집에서 드셨다. 세 분 여선생님 중 갓 사범을 졸업한 김옥실 선생님은 우리가 사는 사택의 건넌방에서 자취하셨다.

마을 이름들이 모두 정겨웠다. 낭만적이고 토속적이었다. 달이 구름 속에 숨는 형상이라고 '월은', 장승이 있다고 '장승백이', 신당이 있던 곳이라고 '당끝터' 혹은 '닦은터', 집집마다 우물이 있는 동네는 '산정', 숯 굽던 곳은 '숯골', 동네 모양이 활처럼 휜 곳은 '궁골', 마을 뒤에 폭포가 있으면 '소용골', 새로 터를 잡았다고 '텃골', 정월 보름마다 제사를 지내는 곳이라고 '제당골', 옛날에 따뜻한 물이 나오던 곳이라고 '온수골', 양성이씨 이승소

사당이 있는 동네는 '사당골'이라고 했다.

삼탄(三灘) 이승소는 조선 시대의 문신으로 세조 3년에 충청도 관찰사를 지낸 분이다. 양성이씨 집성촌인 매산에서는 절기 때마다 크게 제를 올린다고 했는데, 이호순과 이호성은 자기네 조상님이라고 자부심이 대단했다. 나도 아버지를 따라 이 사당에 한 번 가본 적이 있다. 삼탄의 정경부인이 해주정씨라고 해서였다. 훗날 그 연유를 알게 된 이호성은 "우리가 아주 남남은 아니여." 하며 껄껄 웃었다.

학교가 있는 매산(梅山)은 매현리의 중심지였다. 본래는 매화가 많이 피는 동네라서 그런 이름이 붙었다지만, 우리가 살던 당시에는 복숭아나무와 살구나무가 많았다. 매현리 일대는 첩첩산중 두메산골이었다. 오지 중의 오지, 하늘만 빼꼼한 동네였다. 울릉도는 '기차 구경은 못해도 비행기 구경은 실컷 하며 산다'고 하는데, 이곳 주민들은 뭉게구름·야생화·텃새·노루·꿩 따위들은 얼마든지 볼 수 있었다. 수십 리 높은 산들이 둘러 서서 교통은 몹시 불편했지만, 진달래꽃이 무리지어 피고 온갖 산나물이 군락을 이루고 있는 청정 지역이었다.

매현국민학교는 일제 탄압이 극심하던 1935년도에 60명의 학생을 받아 '대소원국민학교 간이 분교'로 문을 열었다고 했다. 대부분의 주민들이 풀뿌리 나무껍질로 겨우 살아갈 때였는데, 산 좋고 물 맑은 수주와 팔봉에 사는 학부형들이 떡을 찌고 술을 빚어

사택으로 가지고 가 훈도를 극진히 섬겼다고 한다. 수주는 학교에서 2~3㎞, 팔봉은 수주에서도 2㎞쯤 더 들어가야 하는 곳이니 학생들도 힘들었겠지만, 어쩔 수 없이 훈도를 떠받들어야 했던 당시 학부형들의 고생이 이만저만 아니었을 것이다.

이곳 사람들은 충주나 괴산의 목도로 장을 보러 다녔다. 엄마도 몇 번 다녀온 적 있는데 반대 방향에 있던 그 두 곳은 모두 깔딱고개를 넘고도 몇십 리씩 걸어야 해서 아침 먹고 나서면 해거름이나 돼야 돌아오셨다.

아버지는 매현국민학교에서 만 4년을 근무하고, 내가 졸업하던 3월 하순에 제천군 교육청 장학사로 발령 받으셨다. 우리가 매산을 떠나던 날은 맑고 따스한 봄이었다. 벚꽃 · 살구꽃 · 복숭아꽃 · 진달래꽃 · 개나리꽃 봉오리가 통통하게 여물어 만화방창을 앞두고 있었다. 옷가지 이부자리 부엌살림 등 이삿짐은 4년 전 그날처럼 몇 분의 부형님들이 대소원까지 지게로 져다 주셨다. 자모님들은 서낭당 넘어 장승백이까지 배웅해 주셨다. 엄마는 일일이 손을 잡고 눈물지으며 그 고마움과 석별의 정을 나누셨다. 생전의 부모님들은 고향보다 더 정든 곳이라며 늘 못 잊어 하셨다.

평설

# 정정근의 성장수필 또는 기억의 재현

김봉군
(문학평론가 · 가톨릭대학교 명예 교수)

## 1

성장수필은 수필 장르의 성격에 따른 하위 갈래에 든다. 가령, '성장소설'이라는 게 있다. 황순원의 '소나기'는 성장소설이라 할 수 있다. 소년 · 소녀가 비를 만나고, 앓고, 마침내 애별리고(哀別離苦)의 아픔을 겪으며 성장한다.

성장수필과 성장 소설을 준별하는 기준은 논픽션이냐 픽션이냐에서 찾아야 한다. 성장수필은 논픽션이고, 성장소설은 픽션이다. 수필의 화자(話者)인 '나'는 작가 자신이고, 사건도 사실을 기반으로 한다. 소설은 꾸며낸 이야기 곧 허구(虛構)이므로, 화자인 1인칭 '나'는 작가 자신이 아니다. 수필에도 허구가 수용된다는 이론이 있으나, 그것은 수필의 본령은 아니다.

특수한 체험적 사실을 소재로 하는 수필은 작가 자신의 이야기여서, 자칫 진실을 왜곡하거나 미화하기 쉽다. 자신의 치부(恥部)까지 드러내어야 하는 수필에서 작가는 고백적 자아를 끝까지 붙들어야 한다. 참회록은 고백적 자아의 궁극적 재현이므로 많은 독자를 감동시킨다. 성 아우구스티누스, 룻소, 톨스토이의 '참회록'은 그 진실 때문에 스테디 셀러로 생명을 잇는다. 서양 사회가 기독교의 전통을 기반으로 하기 때문이다. 불교의 전통을 잇는 동양 여러 나라에서 참회록이 쓰이지 않는 것은 비극이다. 그리스도교가 유입된 지 4백년을 헤아리며, 불교적 사유가 일반화된 일본에서 개인이나 국가적 차원의 참회록(고백록) 한 권 찾을 수 없는 것은 안타까운 일이다. 한국의 경우도 크게 다르지 않으나, 몇 편의 문학 작품에서 참회의 정신을 찾아볼 수 있다.

형식주의 비평가들은 소설의 구조적 요소로 의존 모티프와 자유 모티프를 구분, 제시한다. 수필에서도 이 두 가지 요소를 구분할 수 있다. 또 설명적 서술과 묘사, 영탄, 비유와 아이러니, 패러독스 등의 기법을 동원하기도 한다. 수필은 문학인 논픽션이므로, 감각적· 정서적 감동을 창조한 것이어야 한다.

## 2

정정근 작가의 성장수필은 기억이 아슴푸레한 유년기에서 초등학교 졸업 때까지의 체험에 기반을 두었다. 숫되고 천진스런

유소년기에 겪은 희로애락애오욕(喜怒哀樂愛惡慾)의 체험을 진솔하게 표현했다. 수필의 기록 문학적 특성 때문에 사실・사건의 진면모가 드러나지만, 그것만으로 문학적 사명을 다하였다고 해선 안 된다. 창조적 상상력의 작용으로 언어 예술의 특성을 풀어내는 노력을 소홀히 할 수 없다.

작가도 머리말에서 그의 성장수필의 내용을 압축적으로 제시한다.

> 1・4 후퇴 때 두 돌 반이었다. 그 무렵의 아슴푸레한 기억 한두 가지를 단초로 국민학교(초등학교) 졸업 때까지의 성장 과정을 간추렸다. 기쁨도, 슬픔도, 놀람도, 미움도, 설렘도, 반가움도, 원망하는 마음도 그때 다 겪었다. 경험하는 모든 것들이 처음이어서 번번이 신기했고, 놀라웠고, 실수투성이였다.

이 대목은 작가의 성장수필집 '떠돌이별의 노래'의 내용을 요약한 것이다. 성장수필은 대체로 연대기적 순서(chronological order)로 전개된다. 정정근 작가의 글은 어떤가? '오막살이 외딴집'은 시간적 순서가 역전되어 있다.

① 기억 속의 첫 집은 충북 보은군 보은면 길상리 양지편 소나무 산자락에 있었다.

② 그 얼마 전 몇 달간 외가에 있었다.

연대기적 순서로 보면 ①이 ② 다음에 놓여야 옳다. 그런데 작가는 이 순서를 뒤집어 놓았다. 평면적 구성이 아닌 입체적 구성의 효과를 염두에 둔 서술 방식이다. 사건의 단조로움을 극복하기 위한 창작의 한 방식이다.

쓰러질 듯 엉거주춤 서 있던 오막살이 외딴집. 비만 오면 썩은새 지붕에서 검붉은 물이 흐르고 대낮에도 어둑하던 부엌, 통로만 내놓고 문이 없어 이불보를 쳐 두었던 안방과 윗방 사이, 도배하지 않아 흙이 묻어나던 바람벽, 나뭇가지로 대충 엮은 방문, 대여섯 쪽의 떨걱마루가 아직도 눈에 선하다.

과장 없이 진솔하게 제시한 작가의 정직성이 값지다. 가난이 주는 슬픔이나 열등감 복합 심리(inferiority complex) 같은 티를 드러내지 않는 냉정하고 객관적인 화자의 모습이 엿보인다.

"마당은 손바닥만 하고, 방은 분 곽만 하고, 부엌은 골미(골무) 만하구나."

할머니 표현이었다. 온 가족 시도 때도 없이 긁적거렸으니 좁은 것만 문제는 아니었다. 약쑥을 피웠다가 방을 쓸면 이·빈대·모기·벼룩·쥐며느리 같은 것들이 쓰레받기에 수북했다. 게다가 쥐의 소굴. 낮에도 찬장 속을 무시로 드나들었지만 밤이면 반자 위에서 우당탕탕 별 요란을 다 떨었다. 그러다가 제 놈들의 오줌 자국으로 눅눅하고 어룽더룽하던 천장 종이를 찢으며 이불 위로 떨어지는 어미 쥐도 있었고, 깊이 잠든 내 발꿈치를 갉작거려 한밤중 소동을 피우게 한 생쥐도 있었다. (중략)

이쯤 되면, 가난을 탓하고 삶을 괴롭히는 미물들에 대한 짜증과 저주가 터져 나올 법한데, 작가는 이 정황에서 판단 보류, 판단 정지의 자세를 보인다.

그래도 나를 예뻐해 주시는 할머니가, 아버지가, 엄마가 있는 집이어서 날마다 새로 말을 배우며 즐거이 지냈다.

이 단락의 마지막 이 한 문장이 작가의 성정(性情)이 선하고 낙관적임을 알 수 있게 한다.

술을 마셨든 감을 자셨든 나는 아버지한테서 나는 냄새가 좋았다. 한 손은 할머니 손을 잡고 다른 손은 아버지 손을 잡고 동요를 부르며 집으로 가는 길이 더없이 즐거웠다.

서산 넘어 해님이 숨바꼭질할 때면
수풀 속의 새 집에는 촛불 하나 켜 놨죠
아니 아니 아니죠 켜 논 촛불 아니죠
저녁 먹고 놀러 나온 아기별님이지요

어둔 길 밝혀 주는 노란 달맞이꽃들도, 괴물처럼 버티고 선 앞뒤 산도, 그 산에서 구슬프고 괴이쩍게 우는 밤새들도, 깜깜한 하늘에 총총히 박혀 빛나는 별들도 나를 부러워하는 것 같았다.

아버지와 할머니의 손을 잡고 아름다운 동요를 부르며 별밤의 시골길을 걸어 집으로 돌아오는 어린아이의 천진한 모습, 이것은 지금 우리에게 잃어버린 유년기의 낙원 이미지를 되살려 보여 준다. 지금 서울의 밤하늘에서 찾아볼 수 있는 별은 오직 하나, 금성뿐이다. 휘황한 전등 불빛으로 인하여 그 찬연히 빛나던 별빛이 다 사윈 지 오래됐다. 작가는 도가 넘치지 않을 만큼 진정성을 띠고 우리 독자에게 새삼 아름다운 옛 자연 낙원을 되살려 보여 준다.

정정근 작가의 글쓰기 솜씨 중 의존 모티프(bound motif)와 자유 모티프(free motif)가 어느 정도 적절한 분량과 기법으로 표현되었는가를 보기로 한다.

우리 집은 날마다 시끄러웠다. 오빠 때문에 내가 울지 않으면 나 때문에 여동생이 울었다. 터울을 하나 건너서는 싸우지 않게 되는데, 세 살 위의 오빠와 두 살 아래의 여동생 사이에 끼인 나는 좌충우돌했다. 할머니가 골보라고 하시는 것도 속상한데, 오빠가 '주워 온 애'라느니 '성 두 자 이름 한 자'라느니 '말더듬이'라고까지 해서 기분이 좋지 않았다.

동생마저 오빠 말투를 흉내 내어 골려댈 때는 명주실 같은 머리털을 잡아당기거나 보드레한 뺨을 꼬집었다. 그러면 동생은 날카로운 소리를 내며 울어댔고, 놀라 달려온 엄마는 언니가 되어 동생을 못살게 하면 되느냐며 나만 나무라셨다.

인용문의 첫 문장 "우리 집은 날마다 시끄러웠다."는 의존 모티프, 나머지 문장들은 다 자유 모티프의 집합이다. 요약적 논픽션이라면 의존 화소만으로도 글의 뜻매김이 되는데, 이처럼 상세한 자유 모티프가 결합되어 문학성을 높인다.

형제들은 아버지를 닮아 몸피가 가늘고 살색이 흰 편인데다 홑꺼풀 눈이었다. 눈동자는 노리끼리한 갈색, 한 줌이나 될까 싶은 반고수머리도 노란색에 가까웠다. 오빠는 언어 구사력이 남달랐고, 동생은 말의 속도가 빨랐다. 그런데 나는 통통한 몸집에 까무잡잡한 피부, 쌍꺼풀진 까만 눈, 오빠가 구둣솔 만들면 좋겠다고 할 만큼 머리카락은 새카맣고 숱이 많았다. 그러므로 속상하긴 하지만, 다리 밑에서 주워온 애라고 해도 반박할 말이 없었다.

이 인용문의 첫 두 문장은 의존 모티프, 나머지 글은 자유 모티프인데, 의존 모티프의 진술을 상세화할 뿐 아니라, 새로운 소재를 부과하며 묘사적 표현을 도입하여 글의 내용에 완결성을 다하였다.

추석 전날에는 삼산리에 사는 할아버지네 식구들이 오셨다.

> 마흔여섯 살의 둘째할머니, 스물네 살의 삼촌, 열한 살의 둘째 고모, 피난 중에 낳았다는 막내 고모는 나보다 다섯 살이나 어렸다. (중략)
>
> "할아부지는 왜 우리와 안 살아유?"
>
> "작은할무니와 아재와 고모들을 돌봐주셔야 허니께."
>
> 할아버지보다 한 살이 많던 우리 할머니는 갸름한 얼굴에 온순한 성격이었고, 둘째할머니는 사각형 얼굴에 눈·코·입이 큼직하고 목소리가 굵었다. 쉰네 살이던 우리 할머니는 주름살이 많았고, 둘째할머니는 새끼손가락이 하나씩 더 있었다.

작가네 가족사가 집히는 이 대목의 이야기는 좀처럼 공개하기 어려운 내용을 담고 있다. 할아버지가 시앗을 보아 나가서 살림하여 자식을 여럿 두셨는데, 작가와의 대화 속에 등장하는 '우리 할머니'는 투기를 하기는커녕 할아버지의 사정을 손녀에게 담담히 대변한다. 또 둘째할머니가 육손이였다는 사실도 숨기지 않는다. 작가의 진실성이 두렷이 감지된다. 좀 비약적인지 모르나, 이 대목은 신약 성서 마태오 복음 1장 6절의 내용을 떠오르게 한다. '다윗은 우리야의 아내에게서 솔로몬을 낳고'에는 다윗왕의 끔찍한 범죄 행위가 잠복해 있다. 충성스럽고 선한 우리야 장군을 전선에서 고립되어 죽게 만들고, 그의 아름다운 아내를 빼앗은 다윗왕의 음모와 그 죄악을 성서는 빠짐없이 알려 준다. 성서에 기록된 내용의 진실성을 확신하게 하는 대목이다. 정정근 작가는 이 부분의 윤리적 위상 문제에 대해 판단 보류, 판단 정지의 태도로 일관한다. 작은할머니의 육손에 대해서도 마찬가지다. 정정근 작가는 인정머리 없고 감수성이 무딘 사람인가? 그렇지 않다.

> 아버지와 헤어져 살아야 할 생각을 하니, 눈물이 줄줄 흘렀다. 엄마가 달래다 야단치고, 운전사 아저씨가 놀려도 소용 없었다. 결국 차를 멈추고 아버지한테 "한 달에 두 번은 가겠다."는 약속을 받고 나서야 눈물을 거뒀다.

사범학교 출신으로 교장이 된 아버지의 전근 길에서 일어난 일이다. 부녀간의 정과 인간미가 절절하다.

> 얼금뱅이 굴때장군 교봉이가 제일 설쳤다. 생김새만 봐서는 졸업을 해도 진작 했을 것 같은 아이. 그 녀석이 능글맞은 웃음을 지으며 다가오더니 내 가방을 힘껏 찼다. 그것이 신호라도 된 듯 남자 아이들이 몰려들어 한 번씩 걷어찼다. 가방은 삽시간에 사방으로 던져지거나 걷어차였다.

전학 간 학교에서 작가가 어린 시절 호되게 봉변을 당하는 장면이다. 당시 대다수의 아이들이 가방은 꿈도 못 꾸던 시절이었는데, 외삼촌이 사 준 가방을 보자 같은 반의 악동들이 행패를 부리는 장면이다. 이것은 성장기의 고난, 위기 상황이다. 작가는 하는 수 없이 어머니 몰래 친구의 책보와 옷을 빌려서 등교한다. 위기 상황에 소극적으로 대응한 것이다.

"…… 애기, 갔다."
"애기가 어딜 가?"
"삼신할무니가 데려갔나벼……."
"삼신할무니가?"
"…… 우리 산에 묻어 주고 오는 중이여."
엄마가 더듬더듬 말했다. 무서웠다. 겁에 질린 목소리로, 내가 아기한테 바깥바람을 쐬게 해서 그렇게 됐나보다며 울었다.

작가는 어린 나이에 생로병사의 마지막 단계인 '죽음 체험'을 한다. 성장수필의 최대 위기에 부닥친다. 정신적 성장통을 앓은 것이다.

"아부지이! 아부지이!"
목소리는 그대로 울음이었다. 통곡이었다. 아버지가 내 쪽으로 몸을 돌리셨다. 운전사도, 버스 안의 승객들도 모두 쳐다보았다.
"아부지 왜 인제 왔어?"
돌진하며 울부짖었다. 울컥울컥 설움 덩어리가 넘어왔다. 기쁨의, 성냄의, 슬픔의, 반가움의, 야속함의 울음이었다. 아버지께서 가방을 땅바닥에 내려놓고 나를 안아 올리셨다.
"왜 이렇게 얼굴이 뜨겁니?"
울어 대는 내 볼에 면도 자국 까슬까슬한 볼을 맞대며 아버지가 그러셨다. 아버지 안경 밑으로 자동차 불빛에 반짝이는 눈물이 보였다. 아버지 가슴을 주먹으로 때렸다. 다른 말은 생각나지 않아 왜 인제야 왔느냐고만 했다.

초등학교 교장이신 아버지의 잦은 전근과 집안 사정 때문에 2주에 한 번씩 오시기로 되어 있는 아버지가 약속을 어긴 것이다. 작가가 어린 시절 아버지와 떨어져 살아야 했던 시절의 '그리움'이 얼마나 절절했던가를 여실히 보여 주는 장면이다. 무조건적인 육친애(六親愛)의 단면으로, 독자들이 감정 이입을 체험할 수 있게 하는 효과를 거두기에 충분한 글이다.

아버지의 잦은 전근과 작가 자신의 전학, 이로 인해 빚어지는 아이들 사회에의 적응, 천진난만한 어린 날의 놀이, 귀신 이야기 등 농경 시절 시골 학교에만 있을 법한 풍부한 추억 거리 등이 작가의 뛰어난 문장력에 힘입어 생생히 되살아나고 있다.

머리에도 옷에도 이가 많았다. 머리에는 까맣고 쬐꼬만 것이, 옷에는 허옇고 퉁퉁한 것이 서캐까지 슬어가며 붙어살았다. (중략)

오죽하면 '이 잡듯 한다.'는 말이 생겼을까. 눈에 보이는 것은 당연히 잡고, 보이지 않아도 심증이 가는 곳이면 옷자락을 방바닥에 놓고 다듬잇방망이로 자근자근 짓찧었다. 그때 방망이 밑에서 알과 함께 어미 이 터지던 쟁그럽고도 씨원한 소리라니. 망치로 두들기면 더 확실하게 죽일 수는 있지만, 빈대 잡으려다 초가삼간 태우는 식으로 옷감을 상하게 할 수는 없는 일이었다. 급하면 화롯불에 대고 훌훌 털기도 했다. 타다닥타다닥, 구워질 새도 없이 타 죽던 놈들의 별곡(別曲). 그보다 더 확실한 처형 방법이 있었을까.

지금의 어린이 독자들은 비상한 관심을 쏟을 대목이다. '이'니 '서캐'니 하는 것들은 무엇이며, 왜 그토록 문제가 되었는지 실감이 나지 않을 것이다. 그런데 이런 상황을 자세히 서술, 묘사하고, 거기에 유머까지 깔아서 실감(實感)을 더하였다. 1970년대 이후 한국의 근대화가 발 빠르게 전개되기 이전, 우리나라 사람들의 삶의 실상, 그 편린이 어린이 독자들을 놀라게 할 것이다.

이 글은 도처에서 자기의 실수와 허물을 고백하고 있다. 뛰어나지 못한 성적, 숙제를 해 가지 않았으면서 선생님과 친구들을 속인 일 등을 진실하게 고백하고 있다.

졸업식 송사를 읽으며 모두 울었던 일, 왕복 60리를 걸어 미국에서 원조해준 우유가루를 타 오던 일, 6학년 담임선생님의 잦은 체벌, 기성회비 납부 문제로 일어난 선생님과 기성회장의 말다툼, 신앙 문제, 아직도 또렷한 운동회 때의 무거운 기억, 등잔불을 켜고 살던 시절 제삿날의 촛불, 밤늦게 군불 때어 주시던 아버지, 학교를 중퇴할 수밖에 없던 친구들의 안타까운 사정, 산골 초등학교 졸업식 날 사은회 등을 놓치지 않고 썼다.

그럼에도 이 글이 비문학적 논픽션과 다른 것은, 줄거리인 의존 모티프의 총화에만 그치지 않았다는 것에 있다. 풍부한 서정의 표출과 탁월한 묘사로 인해 문학의 한 장르인 수필의 범주에 오른다.

> 하얗게 바랜 신작로, 동막산과 신덕저수지에서 부는 맞바람에 우리들 머리카락이 나부꼈다. 달구지 바퀴에 자갈이 튈 때마다 덜커덩덜커덩 삐그덕삐그덕. 험할 것도 없는 길이지만, 엉덩이가 들썩거려질 때마다 우리는 발을 구르며 비명 같은 웃음을 터뜨렸다. 여울물 소리 같은 우리들 웃음에 아저씨도 즐거운 듯 자주 돌아보셨다. 분뇨가 시커멓게 말라붙은 덕석 같은 엉덩이를 실룩거리는 소도 기분이 좋아 보였다. 줄지어 반짝이는 미루나무 잎사귀와 말매미의 목청도 초록빛 세상을 더욱 싱그럽게 했다. 더구나 그날은 아버지가 오시는 날이어서 노래가 절로 나왔다.

의성어와 신선한 비유를 동원한 작가의 묘사력이 돋보인다. 자유 모티프 중의 감성적 묘사는 작가의 풍부한 어휘력, 문학적 상상력과 어우러져 정정근 작가의 수필가적 역량을 과시하기에 충분하다.

### 3

문학적 논픽션인 정정근 작가의 성장수필을 주저하지 않고 단숨에 통독할 수 있었다. 연대기적 구성에 의존하면서도 때로는 시간이 역전된 입체적 구성을 시도하여, 천편일률적 담론 전개의 단조로움에 변화를 주기도 했다. 논픽션의 요체는 정직성인데, 정정근 작가의 진술 내용에서 그 전형을 보게 된다. 자신의 약점, 숨기고 싶은 일들을 진실하게 기록한 것은 이 작품의 매력이다. 냉정하고 객관적인 톤(tone)을 유지하며 판단 정지, 판단 보류의 자세를 잃지 않는다. 초등학교 시절의 천진난만한 성정이 이 글 도처에서 맑게 빛난다.

형식주의자들의 소설 이론 중 하나인 모티프 이론을 준용할 때, 이 글의 의존 모티프와 자유 모티프에 반영된 창조적 상상력의 표출에서 빛을 발한다. 특히 작가의 걸출한 묘사력은 곳곳에서 긍정적 기능을 극대화한다. 성장수필인 이 글에서 작가의 심리적 성장통(成長痛)이 엿보이나, 긍정적 자아관·세계관이 이를 극복하게 한 점은 높이 평가할 만하다.

작가의 가족사가 다양하게 진술되어 있다. 특히 초등학교 교장선생님인 아버지와의 따사로운 관계가 클로즈업되어 있다. 심리적 성장통이 치유되는 결정적인 요인이다. 이 글 속의 아름다운 별밤의 신화적인 분위기는 어린이 독자들에게 호기심을 환기할 만하다. 어른 독자들은 이 신화적 분위기와 곳곳에 삽입된 동요들을 마음에 떠올리며 그리움을 환기하게 될 것이다.

정정근 작가의 진실성은 참회록 불모지의 한국 풍토에 새로운 기풍을 일굴 수 있을 것이다.